누군가는 정보를 만들었고,
누군가는 그 정보를 믿었다.

누군가는 시장을 설계했고,
누군가는 그 시장에 뛰어들었다.

누군가는 조용히 매수했고,
누군가는 뒤늦게 쫓아갔다.

누군가는 이미 빠져나갔고,
누군가는 아직도 결정을 고민하고 있다.

<u>당신은 지금까지 어느 쪽이었는가?</u>

시장은 우리에게 정보를 모두 공개하지 않는다.
언론 뉴스, 전문가 의견, 정부 정책 등
모든 정보는 '공급자의 시선'에서 만들어진다.

그들의 의도를 간파하는 순간,
당신은 시장의 흐름을 주도적으로 활용하는 투자자가 된다.

더 이상 게임의 말이 아니라,
직접 판을 짜고 움직이는 플레이어가 될 수 있다.

공급자의 시선

공급자의 시선

부동산 투자의 25가지 함정

표영호 지음

BM 황금부엉이

부동산 정보는
어디에서 나오는가?

정보는 공급자에게서 나옵니다.

그러나
수요자들이 말하는 가격은 현재 시점에,
공급자들이 말하는 가격은 공급된 후의 미래 가치에
기준점을 두고 있습니다.

정보는 돈입니다.
잘못된 정보는 힘이 아닌 혼란이 될 수 있습니다.

프롤로그

왜《공급자의 시선》을 읽어야 할까요?

　언제부턴가 여기저기서 들리던 '얼죽신'이란 말이 이제는 부동산 유튜브 채널과 뉴스에서도 접할 수 있는 유행어가 되었습니다. 얼죽신, 즉 '얼어 죽어도 신축'이란 뜻입니다. 일단 제대로 된 비유인지는 차치하고, 어떻게 해서 이런 조어가 나오게 되었는지 궁금해서 조사를 해보았습니다.

　사실 '얼죽신'은 분양이 잘 안 되던 시기에 나온 말입니다. 그 시기에 신축 아파트들은 최첨단 커뮤니티 시설들을 자랑했습니다. 사람들이 시설 좋은 그곳에 들어가 살고 싶게 만들어야 했으니까요. 분양이 잘 안 되던 그 시기에 '얼죽신'은 공급자들에게 꼭 필요한 용어였고, 결국 공급자의 시선이 듬뿍 들어간 최적의 마케팅 용어로 기능했습니다.

부동산 시장은 유독 감정과 심리가 강하게 작용하는 곳입니다. 매일같이 쏟아지는 뉴스에서는 '지금 사야 한다', '놓치면 후회한다', '완판', '폭등', '얼죽신' 같은 자극적인 단어들이 우리의 관심을 끕니다. 이런 정보들 뒤에는 누구를 위한 메시지가 숨어 있을까요? 부동산 시장을 움직이는 진짜 동력은 무엇이며, 우리는 그 안에서 어떤 위치에 서야 할까요?

저는 부동산 시장을 분석하고 이야기하면서 늘 이런 질문을 품어 왔습니다. 이런 질문들은 단순한 호기심에서 나온 것이 아닙니다. 제가 운영하는 유튜브 채널 '표영호TV'의 구독자들이 보내준 수많은 메일, 그리고 방송과 토크쇼 현장에서 만난 청중들과의 대화가 이 책을 쓰게 된 직접적인 계기가 되었습니다. "이 지역은 왜 이렇게 갑자기 올랐나요?", "정말 지금 사야 할까요?", "언론이 말하는 대로 믿어도 될까요?"라는 질문들은 저를 깊은 고민에 빠지게 했습니다.

많은 사람들은 부동산 시장을 분석할 때 흔히 '수요와 공급', '규제와 완화' 같은 단순한 프레임으로 접근합니다. 그러나 실제 시장은 그보다 훨씬 더 복잡하고, 다층적인 이해관계로 얽혀 있습니다. 제가 받은 메일과 질문 속에는 부동산을 처음 접하는 소비자의 막연한 불안과 혼란, 그리고 의심이 담겨 있었습니다. 그 속에서 저는 한 가지 중요한 사실을 깨달았습니다.

소비자들은 언제나 정보를 제공받는 위치에 있지만, 그 정보의 본질을 파악하고 해석하는 능력은 부족하다는 것입니다.

이 책은 바로 그 질문들에 대한 답을 찾는 과정에서 탄생했습니다.

왜 '공급자의 시선'일까요? 그것은 부동산 시장에서 제공되는 대부분의 정보가 공급자의 이익과 의도에 의해 만들어지기 때문입니다. 건설사, 개발업체, 언론사, 그리고 정부까지도 그들만의 목적과 전략을 가지고 시장을 바라봅니다. 공급자는 자신이 원하는 방향으로 시장을 조정하고, 소비자는 그들의 정보에 의존해 선택을 결정하게 됩니다. 하지만 이 과정에서 소비자들은 중요한 사실을 잊고 있습니다. 정보를 받는 위치에서 벗어나, 시장의 흐름을 주체적으로 읽어내야 한다는 점입니다.

이 책은 여러분이 공급자의 시선을 넘어, 시장의 본질을 읽고 자신만의 시선을 확립할 수 있게 돕는 것을 목표로 합니다.

1. 부동산 뉴스의 숨겨진 의도 파악하기

대부분의 소비자는 뉴스에 등장하는 '뜨는 지역', '최대 호재' 같은 키워드에 기대를 품습니다. 실제로 이러한 뉴스는 어떤 의도로 작성되었는지, 어떤 데이터가 활용되었는지 파악해야 합니다. 이 책은 여러분이 뉴스의 표면 너머를 볼 수 있도록 도와줄 것입니다.

2. 정부 정책과 시장의 관계 이해하기
부동산 정책은 시장에 큰 영향을 미칩니다. 그러나 모든 정책이 소비자를 위한 것은 아닙니다. 규제와 완화의 반복, 그리고 그 뒤에 숨겨진 경제적 동기를 이해한다면 더 나은 판단을 내릴 수 있습니다.

3. 공급자의 전략 읽어내기
건설사와 개발업체는 수익 극대화를 목표로 소비자를 설득합니다. 그들이 사용하는 언어와 데이터를 분석하고, 그 속에서 진실과 의도를 파악하는 방법을 알려드립니다.

4. 부동산 시장의 주체가 되는 법
공급자의 시선을 이해하고, 그들의 전략에 현혹되지 않는 법을 배우며, 시장에서 더 나은 결정을 내릴 수 있는 힘을 기릅니다.

    이 책은 단순히 부동산 시장의 지식을 전달하는 데 그치지 않습니다. 여러분이 이 책을 통해 공급자의 정보에 휘둘리지 않고, 스스로 시장을 해석해서 자신만의 전략을 수립할 수 있도록 돕는 데 목적이 있습니다.

"왜 아파트 가격은 오르기만 할까요?", "정부는 집값을 안 잡을까요? 못 잡을까요?", "지금 이 지역에 투자해도 될까요?" 이러한 질문에 대한 답은 단순한 데이터를 넘어, 그 데이터를 해석하는 우리의 능력에 달려 있습니다.

이 책을 읽고 나서 다음과 같은 것들을 조금이라도 얻게 되기를 기대합니다. 부동산 시장에 숨겨진 진실과 공급자의 전략을 이해하는 눈, 복잡한 경제와 정책의 변화를 자신의 언어로 분석하는 힘, 단기적인 이익보다 장기적인 관점을 통해 시장을 바라보는 균형 잡힌 시선입니다.

《공급자의 시선》은 단순히 부동산을 이해시키는 책이 아니라, 부동산 시장을 읽어내는 능력을 길러주는 데 도움이 되는 책입니다. 이 책은 여러분이 더 이상 정보의 소비자가 아닌, 시장의 주체로 거듭나는 길을 열어줄 것입니다.

언제나 받기만 했던 정보에서 벗어나 이제는 스스로 판단할 준비가 되었나요? 여러분의 시선을 변화시킬 여정으로 초대합니다.

차례

프롤로그 5

CHAPTER 01 공급자라는 존재와 현실

01 기사에 나왔는데요? 15
02 오른다고 말해야 하는 사람들 22
03 비싼 아파트를 사줄 매수자의 수입이 오르지 않았다 30
04 대출 환경의 변화, 예전 같은 투자가 불가능해졌다 35
05 하락기(조정기)에는 호재에도 시장이 움직이지 않는다 41

CHAPTER 02 공급자의 함정

01 통계의 함정 51
02 경쟁률과 완판 분양의 함정 61
03 아파트값 우상향론의 함정 66

04	정부는 집값 하락을 원하지 않는다	73
05	오피스텔, 생활형 숙박시설 투자의 민낯	78
06	선분양제가 감추고 있는 것들	83
07	지역주택조합은 원수에게 권한다?	87

CHAPTER 03 소비자가 알아야 하는 진실

01	집값이 하락세라면 얼마나 버틸 수 있을까?	95
02	공급 부족은 아파트값 폭등을 가져온다?	100
03	전세가가 아파트값을 밀어 올린다?	108
04	규제가 풀리면 아파트값은 오르나?	113
05	금리가 떨어지면 부동산은 무조건 오른다?	119
06	시장은 항상 상승 요인과 하락 요인을 가지고 있다	125
07	다주택자가 아닌 실수요자가 집을 사면 폭등한다?	130
08	재건축은 공짜로 새집을 주는 게 아니다	135
09	재개발을 하면 살기 좋아질까?	143
10	현재 시장에 참여해야 한다는 강박이 나를 망가뜨린다	151
11	상가 분양은 지옥이다?	156
12	부의 대이전 시대가 열린다	162
13	인구 변화는 의미 없다?	166

에필로그 175

1장

공급자라는 존재와 현실

01

기사에 나왔는데요?

부동산 시장에서는 많은 사람들이
"남들이 사니까 나도 사야지." 하는 심리로 움직인다.
이러한 집단적 행동은 결국 '더 큰 바보 이론'에 빠지게 만든다.

2024년의 대한민국 부동산 시장은 그 어느 때보다 혼란스럽고 변동성이 아주 컸습니다. 매일 언론에서는 수많은 부동산 기사가 쏟아져 나오고, 사람들은 그 기사들을 바탕으로 시장 상황을 파악하려 애씁니다.

여기서 놓치기 쉬운 점이 있습니다. 바로 그러한 기사들이 상업적인 목적으로 얼마나 자극적으로 작성되었는지를 깊이 생각해 본 적이 있는가 하는 것입니다. 매번 접하는 '기사에 나왔는데?'라는 질문은 사람들이 기사 내용을 곧이곧대로 믿지 않는다는 것을 보여주는 것과 동시에 기사 내용에 서서히 세뇌되고 있다는 것을 의미합니다. 기사들은 과연 진짜 정보를 제공하고 있는 것일까요? 아니면 교묘하게 포장된 광고일 뿐일까요?

기사가 아니라 가스라이팅

　부동산 관련 기사들은 언제나 자극적입니다. 「서울 아파트값 상승, 이 지역이 뜬다」와 같은 선정적인 제목은 사람들의 관심을 끌기에 충분합니다. 클릭을 유도하기 위해 이렇게 제목을 내세우고 있지만, 실제 내용을 뜯어보면 상업적 목적이 깔린 경우가 많습니다.
　그중에서도 가장 주목할 만한 것은 이른바 '광고성 기사'입니다. 광고성 기사란 한마디로 '기사인 척하는 광고'로, 건설사나 부동산 개발업체가 언론사에 돈을 주고 발행하는 기사입니다. 표면적으로는 기사처럼 보이지만, 그 내용은 특정 지역에 수요자의 관심을 향하게 하거나 해당 지역의 주거용 혹은 상업용 부동산을 홍보하기 위한 것입니다.
　이런 기사들은 매우 교묘하게 작성됩니다. 사람들이 객관적인 뉴스를 읽고 있다고 착각하게 만듭니다. 예를 들어 「공급 부족으로 이 지역 아파트값 폭등」이라는 기사를 살펴보면, 단순한 사실을 전달하는 듯 보이지만 결국 특정 지역의 아파트를 '사야 한다'는 메시지를 숨겨둔 것입니다. 이런 기사를 읽은 사람들은 자연스럽게 해당 지역이 유망하다고 생각하게 되고, 그곳에서 부동산을 매수하려는 경향을 보입니다. 이른바 '가스라이팅'입니다. 독자를 교묘하게 설득해 자신들이 원하는 방향으로 행동하게 만드는, 즉 특정 지역의 아파트를 구매하게 만드는 것이 목적입니다.
　분양 관련 기사도 수시로 접할 수 있습니다. 분양 기사를 자세히 들여다보면 기대감을 과장한 표현들이 적지 않습니다. 예를 들어 이런 식입니다. '주변 지역에 일자리가 풍부하고 직주근접 지역이라 높은 주거 선호도가 예상된다' 또는 '희소성을 갖춘 단지라서 미래 가치가 높다'고 평가한다거나 '향후 주거 편의성이 더욱 개선될 것'이라는 가정 혹은 바람이 담긴 문장을 구사하곤 합니다. 하지만 확인해 보지 않고서는 누구도 알 수 없는 내용이고, 미분양으로 끝난 사례도 어렵지 않게 찾을 수 있습니다.

"기사에 나왔던데, 이 지역 뜨는 거 맞나요?"라고 묻는 사람들이 정말 많습니다. 기사를 신뢰하기에 나올 수 있는 질문입니다. 하지만 생각해 보세요. 지역의 부동산 가치를 판단하려면 너무나 많은 변수를 고려해야 합니다. 실제로 그 지역에 가보지 않고서는 교통, 인프라, 환경, 분위기 등을 제대로 파악할 수 없습니다. 단순히 유명한 언론에 난 기사니까 덮어놓고 "맞아, 이 지역은 공급이 부족하니까 지금 사야 해."라는 판단을 내리는 것은 매우 위험합니다.

건설사나 부동산 개발업체 등으로 대표되는 공급자들은 언론사를 통해 자신들의 이익을 극대화하는 방향으로 기사를 작성합니다. 예를 들어 「서울 신축 아파트, 분양 시작과 동시에 완판」이라는 기사를 보도하면서 그 지역의 부동산이 얼마나 인기 있는지 부각시킵니다. 그러나 현실은 어떨까요? 실제로는 계약이 취소되거나 일부 물량이 미분양되는 경우가 많습니다. 이처럼 매력적으로 보이는 기사 내용의 배경에는 건설사의 홍보 전략이 숨어 있습니다.

2024년 상반기에도 특정 지역의 아파트가 '완판'되었다는 기사가 여러 언론에 보도되었습니다. 하지만 몇 주 후, 계약 취소 사태가 발생했습니다. 완판 기사를 읽고 투자한 사람들은 큰 손실을 입을 수밖에 없었습니다. 기사만 믿고 부동산을 매수한 투자자들은 상업적 목적을 교묘하게 숨긴 기사에 속은 것입니다.

제목에 현혹되지 말라

부동산 시장에서 기사 제목은 강력한 도구입니다. 제목만 읽고 결정을 내리는 사람들은 그 속에 숨겨진 위험성을 간과하기 쉽습니다. 실제로는 일시적 변동 상황인데 「서울 아파트값 다시 상승세」라는 제목은 마치 시장이 다시 활황을 맞이한 것처럼 보여줍니다. 상승한 지역은 극히 일부에 불과하고, 대부분의 지역에서는 여전히 하락세인데 말입니다.

'○○ 아파트 신고가 찍어, 불장 오나' 같은 제목에도 현혹되면 안 됩니다. 기사의 내용이 사실인지 궁금하다면 그 지역에 가서 꼭 확인해 보기 바랍니다. 단순한 호가거나 계약 몇 달 후에 계약 취소가 되는 사례일 수도 있습니다. 그 지역 특정 아파트의 특정 동, 호수만 기사 내용에 해당되고 나머지 아파트들은 하락 거래된 사례를 심심치 않게 발견할 수 있습니다. 제목만 믿지 말고 상황을 제대로 파악하는 습관을 들여야 합니다.

누구나 볼 수 있는 뉴스에 특정 부동산이 언급되었다는 것 자체가 뉴스의 생명을 다했다고 봐도 될 듯합니다. 제목을 따라 안으로 들어가 보면, 공공의 이익을 대변하는 내용이 아닌 경우가 많습니다. 언론에 나왔다는 것 자체가 모두의 이해관계가 맞아떨어졌음을 방증합니다.

언론사가 노골적으로 건설사와 시행사의 이익을 대변할 수 있냐고요? 신문사를 소유하고 있는 건설사들이 적지 않습니다. 보도 전문 채널 YTN의 지분 30.95%를 낙찰 받은 기업은 유진그룹입니다. 유진그룹의 주력 사업 분야는 레미콘, 건자재 유통입니다. 호반건설과 중흥그룹도 언론사를 소유하고 있습니다. 이외에도 일일이 열거하기 힘들 정도로 많은 기업들이 언론사와 관련되어 있습니다. 언론사가 곧 건설사라고 해도 과언이 아닙니다. 그들이 내놓는 기사 제목을 색안경을 끼고 들여다봐야 하는 이유입니다.

이런데도 기사 제목만으로 결정을 내리는 투자자들은 결국 부정확한 정보에 의존하게 되고, 잘못된 투자를 결정할 가능성이 큽니다. 더 나아가, 부동산 시장에서 실제로 중요한 것은 가격의 일시적 변동이 아니라 장기적인 흐름입니다. 상승과 하락이 반복되는 시장에서 단기적인 변화만을 보고 움직이는 것은 매우 위험합니다.

결국 부동산 기사들은 상업적 목적을 가진 정보일 가능성이 매우 큽니다. 그들이 제공하는 정보는 특정 이해 관계자의 이익을 대변하고 있고, 그 이면에는 독자를 유인하고 그들로 하여금 행동하게 만들려는 의도가 깔려 있습니다. 그렇기 때문에 기사를 읽을 때는 단순히 겉으로 드러나는 정보만 믿어서는 안 됩니다. 기사의 이면에 숨겨진 의도와 목적을 읽어내는 능력이 필요합니다.

부동산 시장은 정보의 비대칭성이 강한 시장입니다. 그렇기에 더더욱 기사를 비판적으로 읽고, 정보의 신뢰성을 다각도로 검증해야 합니다. 기사 제목과 내용이 매력적으로 느껴지더라도, 그 안에 숨겨진 목적이 무엇인지 반드시 생각해 봐야 합니다.

더 큰 바보는 되지 말자

부동산 시장에서 성공적인 투자를 하기 위해서는 기사를 무조건 믿는 대신 그 이면의 목적을 읽어내고 시장을 분석할 수 있는 능력을 키워야 합니다. 광고성 기사를 사실로 받아들이면 더 큰 바보가 될 위험이 커집니다. 부동산 시장에서의 의사 결정은 다각적인 분석과 철저한 현장 조사를 바탕으로 이루어져야 합니다.

결론은, 기사에 나왔다는 이유만으로 그 정보를 맹신하지 말라는 것입니다. 결국 그 기사가 말하는 '뜨는 지역'은 누군가의 이익을 위한 포장뿐일 수 있다는 것을 알아야 합니다. 부동산 시장에서 올바른 선택을 하기 위해서는 남들이 말하는 정보가 아닌, 자신의 판단과 분석을 믿는 것이 가장 중요합니다.

부동산 시장에서는 많은 사람들이 "남들이 다 사니까 나도 사야지."

하는 심리로 움직입니다. 이러한 집단적 행동은 결국 '더 큰 바보 이론'에 빠지게 만듭니다. '더 큰 바보 이론'이란, 비싼 가격에 무언가를 구매했더라도 자신보다 더 큰 바보가 나타나서 그 물건을 더 비싸게 사줄 것이라는 믿음을 말합니다. 이런 심리가 작동할 때 사람들은 기사에서 말하는 내용만을 맹목적으로 믿고, 비합리적인 가격으로 부동산을 매수합니다. 그러나 우리가 기억해야 할 점은, 그 '더 큰 바보'가 나중에 나타나지 않을 수도 있다는 것입니다.

소비자의 시선

부동산 관련 기사나 유튜브 영상을 볼 때 늘 '의심'이라는 시선을 장착해야 합니다. 기사 제목이나 영상의 섬네일에 현혹되지 말아야 합니다. 이 글을 쓰는 와중에도 '대출을 조이면 서민들이 집 사기가 어려워진다', '서민은 집 사지 말란 거냐?'와 같은 기사 제목들이 보입니다. 이런 기사들은 대정부 압박을 목적으로 공급자에 의해 뿌려지는 뉴스일 가능성이 큽니다. '현금 부자만 아파트 사라는 거냐?'는 기사가 나는 이유는 집값을 떠받쳐 줄 대출을 더 해줘야 아파트를 판매할 수 있다는 뜻이고요. 늘 의심해야 합니다. 또한, 메시지만 보지 말고 메신저를 꼭 확인하세요. 기사라면 어떤 언론사인지, 영상이라면 출처가 어디인지 꼭 체크해야 합니다.

02

오른다고 말해야
하는 사람들

대부분의 사람들은 과거와 현재를 통해 미래를
예측하려는 경향이 있다. 오늘의 추세가 내일도 계속될 것이라고 믿는
이른바 '모멘텀 편향'이다.

부동산 시장은 언제나 뜨거운 관심의 대상입니다. 가격이 오를 때나 내릴 때나, 사람들의 이목을 끕니다. 그런데 시장 상황과 상관없이 항상 "가격이 오른다."고 말하는 사람들이 있습니다. 그들은 누구이고, 왜 그렇게 말할 수밖에 없을까요?

먼저 건설사를 생각해 봅시다. 건설사는 주택을 공급하는 주체로서, 부동산 시장의 활황이 그들의 이익과 직결됩니다. 또한 관련 연구소나 기관 중 일부는 건설사로부터 자금을 지원받아 연구를 진행하기도 합니다. 이러한 기관은 건설사의 이익에 부합하는 방향으로 시장 전망을 내놓을 가능성이 있습니다. 특히 부동산 감정평가에서는 평가액에 따

라 대출이나 개발 가치를 만들어낼 수 있기 때문에 그들의 보고서나 예측이 긍정적일수록 건설사의 사업 추진이 원활해지고, 이는 곧 그들에게도 이익이 됩니다.

언론사와 관련 기업들도 마찬가지입니다. 부동산 광고는 언론사의 중요한 수입원입니다. 따라서 부동산 시장이 활기를 띠고 있다는 뉴스를 내보내면 광고 수익이 증가할 수 있습니다. 또한 분양대행사나 마케팅업체들도 건설사의 분양 성공이 곧 수익으로 이어지기 때문에 시장을 긍정적으로 보도하는 경향이 있습니다.

그리고 선도적으로 투자하는 분들, 즉 이미 부동산에 상당한 투자를 한 사람들은 자신들의 자산 가치가 상승하길 바랍니다. 그래서 주변에 "지금이 투자 적기다.", "가격이 곧 오른다."고 말하며 투자 열기를 부추깁니다. 특히 부동산 투자로 성공한 사람들이 진행하는 강연이나 세미나에서는 상승 전망을 강조하는 경우가 많습니다. 이는 더 많은 사람들이 시장에 참여해야 자신의 투자 수익이 증가하기 때문입니다.

또 어떤 사람들이 부동산이 오른다고 얘기해야만 할까요? 재개발이나 재건축을 추진하는 주민들과 다주택자들도 가격 상승을 희망합니다. 이해관계가 직접적으로 얽혀있는 조합원인 주민들은 사업성을 높이기 위해 주변 부동산 가격이 오르길 바랍니다. 다주택자들은 보유한 자산의 가치가 상승하길 기대하며, 시장의 긍정적인 측면만을 강조하는 속성을 가지게 됩니다.

최근에는 부동산 관련 유튜버나 블로거들도 영향력을 행사합니다.

그들은 조회 수를 높이고 구독자를 늘리기 위해 자극적인 제목이나 내용을 사용합니다. '지금 사지 않으면 늦는다.', '가격이 계속 오른다.'와 같은 식의 콘텐츠는 사람들의 관심을 끌기 쉽습니다. 일부는 자신의 강의나 책을 판매하기 위해 상승론을 주장하기도 합니다.

　상가 임대인이나 상가 분양업체들도 시장의 활기를 강조하거나 지역의 발전을 이야기하며 부동산 가격이 상승할 거라고 합니다. 상가나 오피스텔은 주택보다 투자 위험이 높지만, 높은 수익률을 내세워 투자자를 모읍니다. 이들은 "상권이 발전하고 있어 임대 수요가 늘어난다."며 긍정적인 전망을 제시합니다.

그들의 입장은 이해하지만…

　그들은 각자의 이익을 위해 시장의 상승을 말할 수밖에 없는 입장입니다. 그렇다고 그들의 말이 모두 틀린 것은 아닙니다. 부동산 가격은 장기적으로 상승하는 경향이 있습니다. 그러나 항상 오르기만 하는 것이 아니며 또한 어떤 부동산은 가격을 논할 수 없을 정도로 쓸모가 없는 경우도 있습니다. 부동산은 장기적으로 하락과 조정을 거치며 장기적인 우상향을 보입니다. 삼성전자 주식도 항상 오르기만 하는 것이 아니듯이 말입니다.

　대부분의 사람들은 과거와 현재를 통해 미래를 예측하려는 경향이 있습니다. 오늘의 추세가 내일도 계속될 것이라고 믿는 이른바 '모멘텀 편향'입니다. 사람들은 모든 집들의 가격이 하락해도 내가 선택한 집은 예외일 것이라고 생각합니다. 이는 '나는 특별하다'는 착각의 한 형태입니다. 집 근처에 새로운 지하철 노선이 들어서거나 GTX가 개통될 예정이라는 이유로 자신의 집은 가치가 오를 것이라고 믿습니다. 재건축이나 리모델링 등의 호재를 들어 상승을 확신합니다.

하지만 이는 누워서 침을 뱉어도 자기의 얼굴에는 떨어지지 않을 것이라고 믿는 것과 같습니다. 부동산은 가격대와 지역에 따라 차이가 있지만, 대체로 떨어질 때는 함께 떨어지고, 오를 때는 함께 오릅니다. 특히 부동산이 투자 자산화가 되면 그 변동성은 더욱 커집니다. 집을 투자 대상으로 바라보면 투기적 수요가 늘어나고, 이는 시장의 급등과 급락을 초래합니다. 투기적 수요는 시장이 호황일 때는 불을 붙이지만, 시장이 식으면 폭락을 유발합니다.

이런 점에서 서울 강남의 집값은 떨어지지 않는다는 이른바 '강남 불패 신화'도 항상 옳은 것은 아닙니다. 투기적 수요로 인해 강남 부동산 가격이 부풀려지면, 충격이 왔을 때 모래성처럼 힘없이 무너질 수도 있습니다. 급격히 오른 것은 반드시 급락한다는 명제는 17세기 네덜란드의 튤립 버블 붕괴부터 최근의 코인 가격 폭락까지 역사로 증명되었습니다.

의도적인 집값 띄우기

국토교통부 실거래가 공개 시스템의 자료를 분석한 기사에 따르면, 2023년과 2024년의 서울 아파트 매매 7만 5,411건(2024년 9월 25일 기준, 계약 해제 건 제외)을 전부 조사한 결과 24.1%(1만 8,210건)가 미등기 상태로 확인됐습니다. 특히 계약 후 4개월(120일)이 지나도록 '미등기' 상태로 남은 사례가 1,241건(6.8%)에 이르는데, 이러한 경우는 의도적인 '집값 띄우기'에 해당될 가능성이 농후합니다.

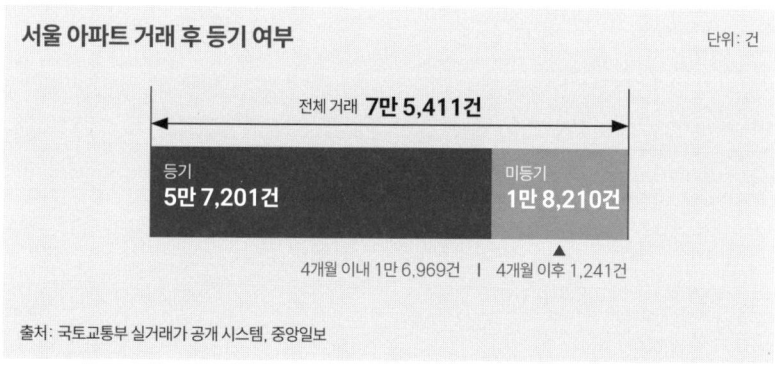

부동산 현장에서 가끔 들리는 이야기 중에는 사적인 거래를 통해 집값을 인위적으로 올리는 사례가 있습니다. 일례를 살펴보겠습니다. A씨는 강남의 유명 부동산 개발자로, 특정 지역의 아파트를 지인 간에 높은 가격으로 거래합니다. 이전 거래가가 평균 5억이었다면 2억이 오른 것처럼 7억에 거래합니다. 그런 다음 몇 주 후에 8억에 거래하고, 얼마 지나지 않아 10억에 거래 신고를 하면 사람들은 그 지역의 집값이 가파르게 상승하는 것을 보고 '아~ 우리 동네 집값이 이렇게 올랐구나.' 하면서 호가를 높여 내놓습니다. 이렇게 하면 실제 거래가격이 높아져 주변 시세가 상승한 것처럼 보입니다.

이런 거래는 그 배경을 좀 따져볼 필요가 있습니다. 부동산 개발자 A씨는 왜 이렇게 평균 거래가보다 비싸게 거래했을까요? 바로 다가올 부동산 분양을 비싸게 성공시키기 위해 지역의 부동산 가격을 띄우는 것입니다. 이런 사례들이 쌓이게 되면 결국 시장이 왜곡됩니다.

일부 부동산 중개업소나 관련 세력들이 특정 단지의 가격을 올리기 위해 조직적으로 움직이는 경우도 있습니다. 몇몇 중개업소가 돌아가며 높은 가격에 거래를 체결하고 실제 거래가로 등록합니다. 이렇게 하면 마치 시장 전체가 상승하는 것처럼 보입니다. 일반 소비자는 이러한 정보를 바탕으로 매수에 나서지만, 실제로는 인위적으로 조작된 시장에 참여하게 되는 것입니다.

자신만의 투자 원칙을 세워야

현명한 투자자는 시장의 흐름을 면밀히 분석하고 타이밍을 기다립니다. 자금이 부족할 때 무리해서 투자하기보다는 기회를 엿보며 준비합니다. 부동산 시장은 사이클이 있으며, 언제나 오르는 것은 아닙니다. 특히 고점에서 무리하게 투자하면 자금이 장기간 묶일 수 있습니다. 개발 사업은 5~10년 후의 가치를 내세우므로 그동안의 자금 부담과 기회비용을 고려해야 합니다.

부동산 관련 업자들은 이익을 극대화하기 위해 가격 상승을 말할 수밖에 없습니다. 이는 비즈니스의 일환이라서 그들의 입장을 이해하지 못하는 것은 아닙니다. 그러니 투자자(소비자)는 이러한 정보에 휘둘리지 않고 객관적인 판단을 내릴 줄 알아야 합니다.

오늘날 우리는 수많은 정보에 노출되어 있습니다. 특히 부동산 시장은 다양한 이해관계자들의 목소리가 섞여 있어 혼란스럽습니다. 언론, 전문가, 주변 사람들의 말에 흔들리지 않고 자신만의 투자 원칙을 세우는 것이 중요합니다.

소비자의 시선

부동산 시장은 다양한 이해관계자들의 정보와 의견이 혼재된 복합 공간입니다. 특히 '오른다고 말해야 하는' 이들이 제공하는 정보에서 길을 잃지 않으려면, 스스로 데이터를 보고 읽어내는 습관을 들여야 합니다. 실거래가 공개 시스템에서 실제 거래 데이터를 확인하고, 각종 호재 관련 정보는 공공기관에서 제공하는 1차 자료에서 확인해야 합니다. 위례신도시의 교통문제 해결을 위해 2008년부터 추진되었던 위례신사선은 여전히 답보 상태입니다. 그런데도 지하철 호재를 홍보하며 분양한 사례들이 있습니다. 무엇이든 직접 확인하는 게 좋습니다.

03

비싼 아파트를 사줄 매수자의 수입이 오르지 않았다

시세 차익을 실현하기 위해서는 결국 누군가가 더 높은 가격에
아파트를 사주어야 한다. 이는 내가 원하는 것보다 타자가 무엇을
욕망하는지를 고려하게 만들며, 결국 다른 사람의 욕망을 따라가는
'욕망의 무한 연쇄 현상'으로 이어진다.

최근 몇 년간 대한민국의 아파트값은 급격한 상승세를 보였습니다. 특히 서울과 수도권 지역을 중심으로 아파트값이 천정부지로 치솟아, 많은 사람들에게 주택 구매가 점점 더 어려운 꿈이 되어가고 있습니다. 또 부동산 가격 상승에도 불구하고 매수자들의 수입은 그만큼 오르지 않았다는 것이 현재 부동산 시장에서 심각한 문제를 일으키고 있습니다.

집값은 계속해서 오르고 있지만 이를 감당할 수 있는 사람들의 경제적 여력은 한계에 다다르고 있으며, 이로 인해 부동산 시장의 안정성이 크게 위협받고 있습니다.

건국대 최배근 교수의 저서 《화폐 권력과 민주주의》에 따르면, 2021

년 기준 대한민국에서 전체 소득 창출 활동자는 약 2,536만 명에 약 2,347만 세대입니다. 상위 30%에서 하위 30% 사이의 중간 소득자의 세후 연 소득은 1,484만~4,076만 원으로, 월 평균 소득으로 환산하면 약 124만 원에서 340만 원 정도입니다. 상위 20%의 세후 연 소득도 5,323만 원(월 약 444만 원)에 불과합니다. 이는 세후 월 소득이 444만 원도 되지 않는 소득 활동자가 전체의 80%에 달한다는 뜻입니다. 이러한 소득 수준으로 현재의 높은 아파트값을 감당할 수 있을까요?

대부분의 사람들은 소비할 여력이 없습니다. 필자가 거주하는 지역을 예로 들면, 치킨집, 편의점, 미용실, 작은 카페 등 기본적인 생활 업종이 주를 이룹니다. 이는 국민 대다수가 제한된 소득 안에서 필수적인 소비만을 할 수 있다는 것을 보여줍니다. 이러한 소득 구조에서는 명품 매장이나 고급 레스토랑과 같은 소비 행태를 동네에서 찾아보기 어렵습니다. 약 570만 명에 달하는 자영업자가 경제활동 인구의 20% 정도를 차지하여 그들만의 경쟁이 치열하며, 많은 이들이 경제적으로 어려운 상황에 처해 있습니다.

부동산 가격 상승을 위한 소득 증가의 필요성

부동산 가격이 지속적으로 오르기 위해서는 국민들의 소득 수준도 함께 올라야 합니다. 그러나 현재 대한민국의 경제 상황은 그렇지 못합니다. 경제 성장률이 1%대에 머무르며 둔화되고 있고, 스태그플레이션의 조짐까지 보이고 있습니다. 스태그플레이션은 물가는 오르지만 소득은 감소하는 현상으로, 많은 가정이 경제적 부담을 견디기 어려운 상황에 처하게 됩니다.

소득이 증가하지 않는 상황에서 부동산 가격 상승은 지속되지 않습니다. 무주택자들이 집을 사야 시장이 움직일 텐데, 현재의 가격은 터무니없이 높아 그들이 시장에 진입하기 어렵습니다. 이는 부동산 시장이 다주택자들만의 게임이 되는 것을 의미하며, 시장의 건강한 순환을 방해합니다.

2024년 10월, 한국은행은 38개월 만에 기준금리를 인하했고 연이어 11월에도 한 차례 더 인하했습니다. 그리고 2025년 2월에는 기준금리를 2.75%로 또 인하했습니다. 그동안 한국은행은 물가 안정을 위해 기준금리를 인상했는데, 그때마다 대출 이자 부담이 크게 증가하여 주택 구매자들에게 큰 부담으로 작용했습니다. 또한 강화된 대출 규제는 매수자들의 자금 조달을 더욱 어렵게 만들고 있습니다. 총부채원리금상환비율(DSR) 규제를 충족하지 못하는 매수자들은 대출을 받기 어려워지고 있으며, 이는 특히 청년층과 신혼부부들에게 큰 타격을 주고 있습니다.

매수자들의 수입이 오르지 않는데 아파트값은 여전히 높은 수준을 유지하고 있습니다. 문제는 이러한 가격을 감당할 수 있는 매수자들이 점점 줄어들고 있다는 것입니다.

2024년 10월, 국토교통부가 발표한 '10월 주택통계'에 따르면 10월 서울 아파트 매매 거래량은 4,000가구였습니다. 이는 전월보다 19.2% 줄어든 수치인데요. 거래량은 4월 4,840건 이후 6개월 만에 가장 적었습니다. 거래량 감소는 시장의 활력을 떨어뜨리고, 가격 하락의 신호로 해석될 수 있습니다. 이러한 상황은 부동산 시장의 불안정성을 증폭시키고 있으며, 조정 기간의 필요성을 시사합니다.

부동산은 주식과 달리 하루아침에 사고팔 수 있는 것이 아니며, 폭등했다고 쉽게 올라탈 수 있는 자산도 아닙니다. 집값이 오르려면 국민 소득 수준이 올라야 합니다. 소득 수준이 올라가려면 금융 투기가 아닌 실물 경제의 성장이 필요합니다. 공장이 늘고 고용이 증가하여 국민 소득이 늘어나야 집값 상승도 지속 가능합니다. 그러나 현재의 경제 구조에서는 이러한 정상적인 경제 원리가 깨져 있어, 부동산 시장의 조정이 불가피할 것으로 보입니다.

소비자의 시선

아파트값이 높아진 만큼 소비자는 현실적으로 접근해야 합니다. 가령, 주택 구매 전 지역별 소득 수준과 거래량 감소 추이를 분석하여 매수자의 실제 구매력을 판단해 볼 수 있습니다. 공공 데이터를 활용해 시장 흐름을 파악하고, 주변 지역의 거래 사례를 참조해 합리적인 가격대를 설정하는 것도 중요합니다. 또한, 대출 한도에 의존하지 않고 자금의 60~70% 이상을 자기 자본으로 준비해 과도한 부채를 피할 것을 권합니다. 무엇보다 시장 조정 가능성을 염두에 두고 장기적인 자산 계획을 세워야 안정적인 투자로 이어질 수 있습니다.

04

대출 환경의 변화,
예전 같은 투자가 불가능해졌다

"더 이상 무작정 빚내서 투자할 수 없다."
대한민국의 부동산 시장이 완전히 달라졌다.
과거처럼 적은 자본으로 쉽게 투자할 수 있는 시대는 끝났다.
대출 환경이 변한 만큼 새로운 전략이 필요하다.

대한민국의 부동산 시장은 대출 환경의 변화로 인해 크게 달라지고 있습니다. 과거에 비해 대출 규제는 강화되었고, 이자 부담은 커졌으며, 공급업체는 새로운 금융 현실에 적응해야 하는 상황에 직면해 있습니다. 이는 부동산 시장에서 과거와 같은 방식의 투자가 더 이상 가능하지 않다는 것을 의미합니다. 변화된 대출 상황에서 부동산 시장이 어떻게 변모하고 있는지 살펴보겠습니다.

2022년까지, 특히 금리 인상이 본격화되기 전까지 부동산 시장은 그야말로 활황이었습니다. 공급자들은 적은 자기 자본만으로도 손쉽게 대출을 받아 개발을 시작할 수 있었습니다. 보통 개발업체는 토지 가격의 10%만 자기 자본으로 보유하고 나머지는 금융기관의 브리지론을 통해 자금을 마련하여 설계를 마무리합니다. 그런 다음 인허가 절차를 거치고, 본격적으로 프로젝트 파이낸싱(PF) 대출을 받아 땅을 매입할 때 받았던 브리지론을 상환하고 공사를 시작하면서 분양에 나서는 방식이 일반적이었습니다(브리지론은 말 그대로 본 PF 대출을 받기 전에 '다리' 역할을 하는 대출입니다. 땅을 매입하는 단계에서 빌리는 돈인데, 건축 허가 후 본격적으로 금융기관에서 받는 '대규모' 대출 이전에 일으키는, 초기 자금 확보를 위한 단기 대출입니다).

이러한 모델은 부동산 가격이 지속적으로 상승하던 시기, 그리고 저금리 시대에 더욱 번성했습니다. 금융기관들은 부동산 가격이 계속 오를 것이라는 기대 아래 비교적 관대한 대출 조건을 제공했고, 우량 토지에 대해서는 100% 대출도 해주었습니다. 이런 상황에서 개발업체들은 사실상 자기 자본을 거의 투입하지 않고도 프로젝트를 추진할 수 있었고, 결과적으로 무책임한 개발이 난무하게 되는 부작용을 낳았습니다.

급변한 대출 환경, 금리 인상과 시장 변화

2022년 하반기부터 상황이 급변하기 시작했습니다. 한국은행이 기준금리를 지속적으로 인상하면서 대출 환경은 더욱 까다로워졌습니다. 2024년 10월, 한국은행은 38개월 만에 처음으로 기준금리를

0.25%p 인하했으나(11월에 한 차례 더 0.25% 인하, 2025년 2월에 다시 0.25% 인하), 과거에 비해 여전히 높은 수준입니다. 이러한 금리 상승은 부동산 가격 하락과 맞물려 부동산 시장에 큰 부담을 안겼습니다.

부동산 가격이 정체되고 수요가 급격히 위축되면서 분양 시장은 더욱 어려워졌습니다. 미분양 물량이 크게 늘어나자, 금융기관들은 더 이상 자금 회수가 불확실한 프로젝트에 대출을 제공하지 않기 시작했습니다. 2022년에 토지를 구입한 개발업체들은 본 PF 대출로 순조롭게 전환하지 못하고, 높은 이자의 브리지론을 계속 상환해야 하는 어려움에 직면했습니다. 이러한 상황은 2024년까지 계속되었고, 결국 다수의 개발업체가 파산하게 되었습니다.

최근 몇 년간 정부는 부동산 시장의 과열을 막기 위해 대출 규제를 강화해 왔습니다. 특히 총부채원리금상환비율(DSR) 규제는 차입자가 감당할 수 있는 대출 한도를 제한하는 중요한 규제가 되었습니다. 이러한 규제는 개발업체와 투자자 모두에게 큰 부담으로 작용하고 있으며, 그 결과 투기적인 개발과 고위험 프로젝트의 진행이 어려워졌습니다.

과거에는 적은 자기 자본으로도 대출을 받아 대규모 프로젝트를 진행할 수 있었지만, 이제는 환경이 바뀌었습니다. 개발업체들은 더 많은 자기 자본을 투입해야 하며, 이는 곧 대출에 의존하던 과거의 모델에서 벗어나 보다 책임 있는 경영을 요구받는 시대가 도래했음을 의미합니다. 선진국에서는 일반적으로 개발업체들이 30~40%의 자기 자본을 투입해야 하는데, 이는 무책임한 개발을 방지하고 지속 가능한 개발을 촉진하기 위한 중요한 장치입니다.

대출 규제와 자기 자본 요건이 강화되면서 특히 중소형 개발업체들이 큰 어려움을 겪고 있습니다. 대형 건설사들이 자본력을 바탕으로 시장을 지배하는 가운데, 소규모 개발업체들은 자금 조달에 실패하면서 시장에서 도태되고 있습니다. 이는 부동산 시장의 다양성이 감소하고, 주택 공급이 줄어들 수 있다는 문제를 야기하게 됩니다.

특히, 주택 공급이 줄어들면 장기적으로 부동산 가격에 상승 압력을 가할 가능성이 큽니다. 수요가 높은 지역에서는 주택 공급이 부족해져서 가격이 다시 오를 수 있습니다. 최근 몇 년간 가격 하락 압력을 받아온 시장이지만, 공급 부족은 다시 가격 상승을 초래할 수 있습니다.

개발업체와 투자자 모두 이제는 과거와 같은 방식으로는 부동산 시장에서 성공하기 어렵습니다. 과거에는 저금리와 관대한 대출 조건을 바탕으로 레버리지에 의존한 투자가 가능했지만, 이제는 자기 자본 비중을 늘리고 보수적인 전략을 채택해야 합니다. 또한, 금리 인상으로 인해 대출 비용이 증가하면서 개발업체의 수익성은 크게 감소하고 있습니다.

이러한 상황에서 소비자들은 보다 신중한 접근을 해야 합니다. 잘 진행되던 공사가 갑자기 멈추는 사례들이 많아지기 때문입니다. 철저한 시장 조사와 함께 금융 준비금을 충분히 확보해야 하며, 단기적인 시세 차익보다는 장기적인 안정성을 중시하는 전략이 필요한 만큼 이제는 레버리지에 의존한 고위험, 고수익 전략은 더 이상 유효하지 않습니다.

이러한 변화는 부동산 시장의 장기적인 건전성을 위한 긍정적인 신호로 볼 수 있습니다. 강화된 대출 규제와 높은 자기 자본 요구는 책임 있는 개발자들만이 시장에서 살아남을 수 있게 만듭니다. 이는 투기적 개발과 갑작스러운 파산을 방지하고, 보다 지속 가능한 시장 성장을 촉진할 것입니다.

새로운 대출 환경에 적응해야 할 때

'봉이 김선달'식의 날로(?) 먹는 개발 시대는 끝나가고 있습니다. 현재 우리나라의 대출 환경은 부동산 개발과 투자에 있어 중요한 전환점을 맞이하고 있습니다. 과거와 같은 방식으로는 더 이상 성공하기 어려운 상황이며, 투자자와 개발업체 모두가 변화된 현실에 적응해야 할 때입니다. 이는 단기적인 어려움을 초래할 수 있지만, 장기적으로는 보다 건전하고 책임 있는 부동산 시장을 형성하는 계기가 될 것이라는 것이 필자의 생각입니다.

소비자의 시선

요즘과 같은 대출 환경에서는 공격적인 투자보다 방어적인 전략이 필요합니다. 과거에는 대출을 활용한 적극적인 레버리지가 당연하게 여겨졌지만, 이제는 '내가 감당할 수 있는 리스크는 어디까지인가?'라는 질문을 먼저 해야 합니다. 특히, 불확실성이 큰 상황에서는 자산을 지키고 내실을 다지는 것 자체가 강력한 투자 전략이 될 수 있습니다. 부동산 시장은 늘 순환하기에, 일시적인 시장 동향에 휘둘리지 않고 시간을 두고 대응하는 '여유 자산'을 확보해야 합니다.

05

하락기(조정기)에는 호재에도 시장이 움직이지 않는다

과거처럼 호재 하나에 즉각적으로 움직이던 시장은 이제 끝났다.
복잡한 경제 상황과 소비자 심리의 변화가
부동산 시장에 어떤 영향을 미치고 있을까?

부동산 시장에서 호재는 일반적으로 가격 상승을 기대하게 만드는 중요한 요소로 인식됩니다. 교통 인프라의 확장, 대규모 개발 계획, 정부의 부양 정책 등이 발표되면 관련 지역의 부동산 가치는 상승할 것이라는 예측이 이어지기 마련입니다. 하지만 시장이 조정기 또는 하락기에 접어들면 이러한 긍정적인 뉴스조차 시장을 크게 움직이지 못하는 경우가 많습니다. 현재 우리나라의 부동산 시장에서는 이러한 현상이 두드러지게 나타나고 있으며, 여러 호재에도 불구하고 시장은 침체된 상태를 유지하고 있습니다.

조정기나 하락기에는 매수 심리가 현저히 약해지는 경향이 있습니다. 이러한 경향은 다양한 요인에 기인합니다.

첫째, 금리 상승, 경기 둔화, 대출 규제 강화 등의 경제적 불안정성이 매수자들의 경계심을 증가시키고, 이러한 불확실성으로 인해 부동산과 같은 대규모 투자를 주저하게 만듭니다.

둘째, 위험 회피 성향이 강화됩니다. 경제가 불확실한 시기에는 자본 보존을 우선시하는 경향이 강해지며, 이로 인해 시장의 활동은 줄어들게 됩니다.

셋째, 호재에 대한 회의론이 있습니다(이 부분은 거시적인 안목이 필요합니다). 시장이 하락세에 있을 때, 사람들은 이러한 긍정적인 발전이 충분히 효과를 발휘할지 의문을 제기하게 됩니다.

마지막으로, 고용 안정성이나 추가적인 경기 침체 가능성에 대한 불확실성이 커지면서 매수자들은 상당한 재정적 부담을 떠안는 것을 꺼리게 됩니다.

이처럼 하락기나 조정기에는 호재에 대한 신뢰가 낮아지고, 시장은 좋은 소식에도 불구하고 활력을 찾지 못하는 경우가 많습니다. 이는 긍정적인 뉴스보다 현재의 불안정한 경제 상황과 위험 요소들에 더 민감하게 반응하는 소비자들의 심리 때문입니다.

호재에도 불구하고 부동산 시장이 활력을 찾지 못한 사례를 살펴보겠습니다. GTX-A 노선은 서울과 수도권을 빠르게 연결하는 고속 철도망으로, 출퇴근 시간을 획기적으로 줄여 생활 편의성을 높일 것으로 기

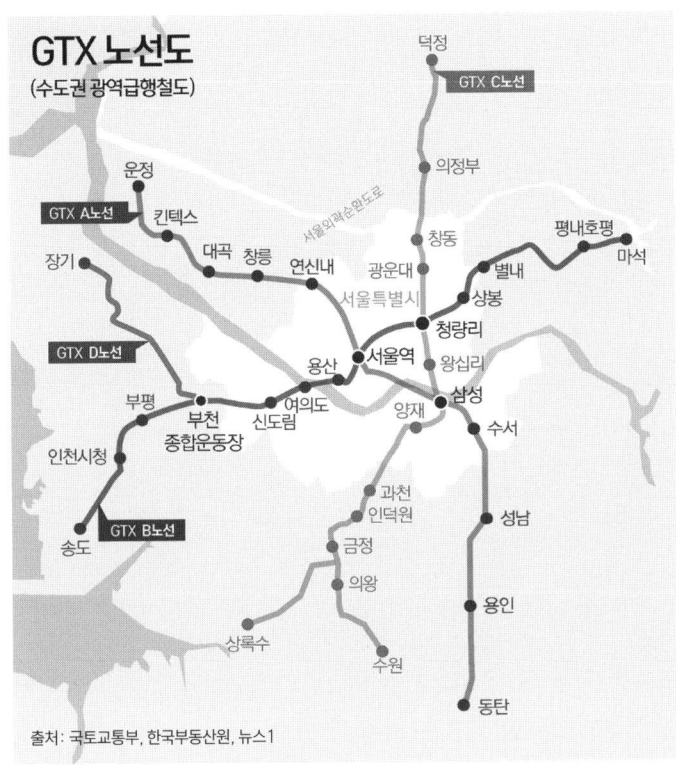

대되고 있습니다. 파주 운정에서 서울역을 거쳐 화성 동탄을 연결하는 GTX-A 노선은 특히 파주, 일산, 동탄 지역에서 부동산 상승 기대감을 크게 불러일으켰습니다. 이러한 대규모 교통 호재는 일반적으로 해당 지역의 부동산 가치를 높이는 중요한 요소이지만, 시장 반응은 예상만큼 활발하지 않았습니다.

2024년에 GTX-A 노선의 일부가 개통되었음에도 불구하고 파주, 일산, 동탄 지역의 아파트 거래량은 예상보다 저조했고 가격 상승폭도 제한적이었습니다. 이는 시장이 이미 과거 몇 년간의 상승이 반영된 상태이고, 추가적인 가격 상승을 기대하기보다는 안정화 단계에 접어들고 있다는 것을 보여줍니다. 이러한 현상은 부동산 시장이 단순히 호재만으로 움직이지 않으며, 더 복합적인 요인들이 작용하고 있음을 시사합니다.

복잡한 시장 상황 속 호재의 한계

부동산 시장이 단순히 긍정적인 뉴스만으로 움직이지 않는다는 것은 중요한 사실입니다. 시장은 경제 상황, 금리, 대출 규제, 인구 변화 등 여러 요소가 복합적으로 작용하는 복잡한 시스템입니다. 현재 대한민국 경제는 경기 둔화와 함께 소비자들의 불안감이 고조되고 있으며, 높은 금리는 차입 비용을 증가시켜 대출에 의존하는 잠재적 매수자들에게 큰 부담이 되고 있습니다. 또한, 대출 규제가 강화되면서 자금 조달이 더욱 어려워져 자격을 갖춘 구매자 수가 줄어들고 있는 상황입니다.

한편, 인구 고령화와 출산율 감소로 인해 장기적인 주택 수요 역시 감소하고 있습니다. 이러한 요소들이 종합적으로 작용하지 않으면, 호재 하나만으로 시장이 반등하기는 어렵습니다. 이는 단순한 교통 인프라 확장이나 대규모 개발 계획 발표만으로는 시장이 크게 움직이지 않음을 의미합니다.

부동산 시장에서 투자자 심리(대중 심리)는 중요한 역할을 합니다. 손실 회피 성향이 강한 투자자들은 잠재적인 이익보다 손실에 대한 두려움이 더 큽니다. 이는 특히 하락기나 조정기에 더욱 두드러지게 나타나며, 매수자들은 가격이 더 떨어질 것이라는 불안감에 거래를 미루게 됩니다. 그 결과 시장은 더욱 정체되며, 하락세가 지속될 수 있습니다.

사람들은 무의식적으로 다른 사람들의 행동을 따르는 경향이 있습니다. 주식 시장과 마찬가지로 부동산 시장에서도 사람들이 매수하지 않는 상황에서는 개별 투자자도 매수를 주저하게 됩니다. 이러한 심리적 요인은 미분양을 빨리 해결하지 못하게 만듭니다.

조정기나 하락기 동안 좋은 소식에 의존하는 투자는 '희망고문'일 수 있습니다. 소비자들은 긍정적인 발전만을 보고 매수 결정을 내리기보다는 시장의 전반적인 흐름과 경제적 요인들을 종합적으로 분석해야 잘못된 의사 결정을 피할 수 있습니다. 특히 금리 변화와 대출 규제에 따른 재정적 부담을 충분히 고려한 후 의사 결정을 내려야 합니다.

장기적인 관점을 가지고 부동산을 바라보는 것이 중요합니다. 긍정적인 뉴스가 발표된다고 하더라도 그에 따른 시장의 반응이 즉각적이지 않거나 제한적일 수 있음을 반드시 인지해야 합니다.

소비자의 시선

조정기에는 단기적인 호재에 휘둘리지 말고 시장의 근본적인 흐름을 살피세요. 금리 동향, 거래량, 대출 규제 관련 사항 등을 분석하며 신중히 준비하는 것이 중요합니다. 지금은 자금을 탄탄히 마련하고 지역별 실거래 데이터를 확인하며 다음 상승기를 기다리는 때입니다.

늘 의심해야 합니다.
메시지만 보지 말고
메신저를 꼭 확인하세요.
기사라면 어떤 언론사인지,
영상이라면 출처가 어디인지
꼭 체크해야 합니다.

2장
공급자의 함정

01

통계의 함정

숫자로 된 통계는 정확할 것 같지만 그 속에는
인간의 마음과 행동이 들어있다는 것을 알아둘 필요가 있다.

부동산 시장은 거래량 증가, 거래가격 상승, 매매지수 상승, 기대지수 상승, 매물 수 감소 등 수많은 통계로 가득합니다. 이러한 통계는 시장의 흐름을 파악하는 데 중요한 역할을 하지만, 그 뒤에 숨겨진 비밀과 함정을 간과한다면 공급자의 시선에 의해 왜곡된 정보를 사실로 받아들여 잘못된 선택을 할 수 있습니다.

통계는 객관적인 사실을 나타내는 것처럼 보이지만, 해석에 따라 전혀 다른 의미를 전달하기도 합니다.

서울에서 32평형 아파트 100건이 거래되었다고 가정해 봅시다. 그중 절반은 가격이 상승했고, 나머지 절반은 하락했습니다. 공급자들은 "가격이 상승하고 있다."고 말할 것입니다. 마케팅 전문가들은 "시장이 안정적이다."라고 말할 것입니다. 하락을 예상하는 이들은 "하락의 신호가 나타나고 있다."고 주장할 것입니다. 같은 데이터를 가지고도 이렇게 해석이 달라질 수 있습니다. 이렇게 통계의 추세를 보고 하는 판단은 읽는 사람의 관점에 따라 달라질 수 있다는 것이 통계의 함정입니다.

통계는 공급자의 무기

공급자들이 제시하는 데이터는 종종 표본 선택 자체에서부터 편향이 존재합니다. 자신들에게 유리한 지역이나 특정 기간, 특정 유형의 주택만을 선택하여 데이터를 제시함으로써 전체 시장이 마치 그들과 같은 흐름을 보이는 것처럼 착각하게 만듭니다.

예를 들어, 고가 아파트 거래만을 모아 평균 가격 상승을 강조하거나, 거래량이 급증한 시기의 데이터만을 제시하여 시장이 활기를 띠고 있다고 주장할 수 있습니다. 이는 전체 시장의 흐름을 대표하지 않을 수 있지만, 소비자들은 편향된 데이터에 현혹될 수 있습니다.

부동산 시장을 파악하기 위해 많이 사용되는 지수들은 약 2~3개월의 시차가 있습니다. 지금 보고 있는 데이터 지수에는 이미 지나버린 과거의 상황만이 나타날 뿐이라는 말입니다. 이렇게 시장이 급변하는 상황에서 지연된 지표를 기반으로 판단한 결정은 이미 늦었다고 할 수 있습니다.

우리나라의 토지 가격은 1974년부터 공시되기 시작했지만, 주택 매매가격은 1986년에 주택은행(현 KB국민은행)이 측정하기 시작했습니다. 주택은행은 국민들의 주택 구입을 돕기 위해 설립된 정부 운영 기관으로, 전국의 주택 가격 동향을 파악하기 위해 이 지표를 만들었습니다.

이 지표에는 한 가지 문제가 있습니다. 부동산 중개업소가 공개한 '호가'를 기반으로 한 통계라는 점입니다. 즉, 실제 거래가격이 아닌 매도자와 매수자의 희망 가격을 모아 만든 것입니다. 이로 인해 실제 시장 상황과 괴리가 발생하며, 특히 가격이 급변할 때 지수의 반응이 늦어진다는 단점이 있습니다.

2022년이 대표적인 예입니다. 서울 아파트의 실제 거래가격은 2021년 9월부터 하락세를 보이기 시작했지만, 매매가격 지수는 2022년 하반기부터 하락하는 모습을 보였습니다. 이는 가격이 급락할 때 매도자들이 가격을 내리지 않으려는 경향을 반영한 결과입니다. 따라서 부동산 시장의 흐름을 이해할 때는 지연된 지표와 실제 거래가격을 함께 살펴보는 것이 필요합니다. 특히 주택 가격이 급락할 때는 실제 거래가격의 추세가 상대적으로 더 정확할 수 있다는 점을 유의해야 합니다.

통계의 왜곡과 오해

우리는 잘못된 통계에 둘러싸여 있습니다. 통계를 생산하거나 해석하는 과정에서 오류가 발생하기도 하고, 때로는 의도적으로 통계를 왜곡하기도 합니다.

예를 들어, 통계청이 발표한 '2023 결혼·이혼 통계'를 보면 베트남 남성과 결혼하는 한국 여성의 수가 급격하게 증가했음을 알 수 있습니다. 언뜻 이해가 가지 않는 내용입니다. 한국 여성과 베트남 남성의 혼인 건수는 약 10년 전인 2013년에 279건이었는데, 10년이 흐른 2023년에 792건으로 3배 가까이 증가했습니다. 통계만 보면 한국 여성들이 베트남 남성에게 갑자기 관심을 갖게 된 것처럼 보이지만, 실제로는 베트남 여성들이 한국 남성과 결혼하여 국적을 취득한 후 베트남 남성과 재혼하는 사례가 대부분입니다. 실제로 한국 여성과 베트남 남성의 결혼 사례 중 95%가 재혼입니다.

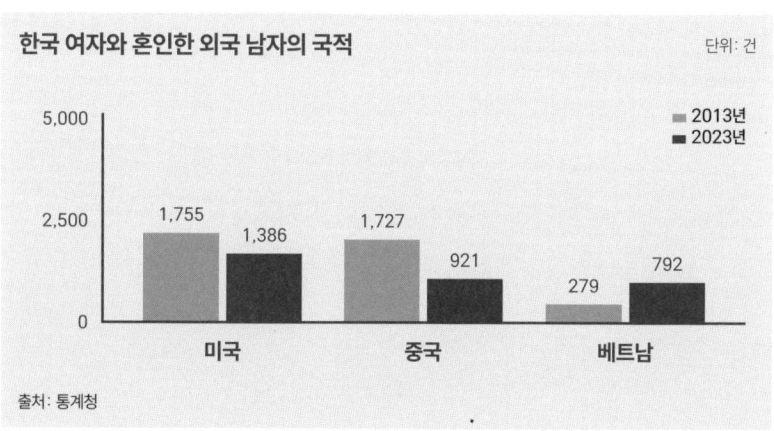

또 다른 예로, 이혼 통계에 대한 왜곡 보도를 들 수 있습니다. 다음은 2024년 10월 18일의 신문 기사입니다.

> 2023년 우리나라 혼인 건수가 약 19만4000건이고, 이혼 건수는 약 9만2000건입니다. 대략 2쌍 중 1쌍 정도가 이혼한다고 이야기할 수 있는데요. 이런 현실을 반영하듯 몇 년 전부터 이혼 예능이 쏟아지고 있습니다. '우리 이혼했어요', ' 결혼과 이혼 사이', '이혼숙려캠프', '한 번쯤 이혼할 결심', '이제 혼자다' 등 이혼 예능은 예능의 한 트렌드가 되고 있습니다.
>
> 출처: 한국경제신문

한 해에 결혼한 부부와 이혼한 부부의 수를 단순 비교하여 '두 쌍 중 한 쌍이 이혼한다'는 건 잘못된 해석입니다. 실제로는 전체 기혼 부부 수 대비 이혼 건수를 봐야 정확한 이혼율을 알 수 있습니다. 또는 1,000명당 이혼한 건수인 '조이혼율'을 를 봐야 합니다. 2023년의 이혼 건수는 9만 2,000건이고, 조이혼율은 1.8건입니다.

숫자는 이렇게 우리의 눈을 가립니다. 잘못된 통계의 생산과 해석은 정책을 잘못된 방향으로 바꾸고, 이는 결국 우리의 삶을 변화시킵니다.

부동산 시장의 통계에 대한 오해

신문에서는 「전세 대란 또 오나, 52주째 전셋값 상승」이라는 기사가 나올 수 있습니다. 하지만 전세가격이 단기간에 크게 하락했다가 다시 소폭 상승한 것일 수 있습니다. 이러한 보도는 실제 시장을 왜곡할 수 있으며, 집주인들이 전셋값을 올리는 데 영향을 줄 수 있습니다.

전세가격지수(한국부동산원)를 '2021년 6월=100'으로 볼 때, 2023년 3월 지수는 88.8이었습니다. 이것은 2021년보다 2023년의 전세가격이 낮다는 의미입니다. 아파트 전세가격지수란 어느 한 시점의 아파트 평균 전세가를 기준으로 삼고, 그 이후의 전세가가 기준보다 높으면 상승, 낮으면 하락한 정도를 백분율로 나타낸 값입니다. 즉, 최근 전세가가 상승했다 하더라도 2021년 수준보다는 낮은 겁니다. 그러나 일부 언론은 '전셋값 폭등, 매매시장까지 흔들'이라는 식으로 보도합니다.

문제는 이러한 보도가 실제 시장에 영향을 준다는 것입니다. 언론이 '송파구 전셋값, 지난달 다시 3,000만 원 상승'이라고 보도하면, 오늘 송파구에서 전세를 내놓은 집주인은 자연스럽게 전셋값을 더 올리게 됩니다. 전세 시장은 이러한 무의식적인 묵시적 담합이 가능한 시장입니다.

주택 보급률의 함정

대한민국의 주택 보급률은 2023년 기준 102.5%입니다. 단순히 이 수치만 보면 주택이 남아돌고, 집값은 안정되거나 하락해야 합니다. 그러나 현실은 그렇지 않습니다. 수요가 집중된 아파트뿐만 아니라 단독

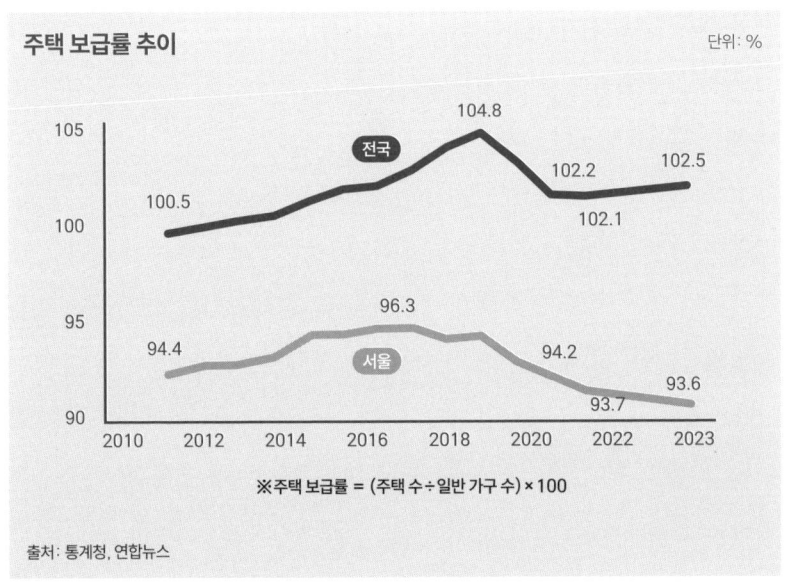

주택, 다세대주택, 시골의 빈집까지 모두 통계에 포함된 숫자이기 때문입니다. 주택 보급 통계에 허점이 있는 것입니다.

수도권처럼 주택 수요가 높은 지역과 아파트 선호 현상을 고려하면, 실제로는 주택 공급이 수요보다 부족한 것이 합리적입니다. 실제로 서울의 주택 보급률은 약 93.6%에 불과합니다. 또한 전체 가구 중 집을 소유한 비율인 자가 보유율은 60% 정도입니다. 즉, 열 가구 중 네 가구는 자기 집을 소유하지 못하고 있습니다.

가격은 공급과 수요가 만나는 지점에서 결정됩니다. 공급이 많아도 수요가 집중되는 곳에서는 가격이 오를 수밖에 없습니다. 따라서 단순한 통계만으로 시장을 판단하는 것은 위험합니다.

우리나라 부동산 통계의 문제점은, 주로 정부에서 제공하는 정부 주도의 통계 생산이라는 점입니다. 최근에는 정부의 주택 공급 통계에서 약 19만 가구가 누락된 사실이 밝혀지기도 했습니다.

2024년 4월 30일 보도된 기사에 따르면, 국토교통부는 자체 점검 결과 주택 인허가, 착공, 준공 통계에서 누락된 데이터를 확인하고 이를 정정했습니다. 인허가는 3만 8,853가구, 착공은 3만 2,837가구, 준공은 11만 9,640가구가 추가되었습니다. 총 누락된 물량이 19만 1,330가구에 달합니다. 이로 인해 정부는 사상 처음으로 연간 통계 전체를 수정했습니다.

이러한 통계 오류는 시스템 버그와 통계 연계 과정에서의 누락으로 발생했습니다. 국토교통부는 2021년 전자정부법 개정에 따라 시스템 인터페이스를 변경하는 과정에서 유지관리 사업 코드가 누락되어 일부 주택 공급 통계가 반영되지 않았다고 해명했고요.

통계의 정확성과 신뢰성이 떨어지면 정부 정책은 실패할 수밖에 없으며, 그 피해는 국민들에게 돌아갑니다. 실제로 잘못된 통계에 기반하여 발표된 정책들은 시장에 혼란을 초래하고 신뢰를 떨어뜨립니다.

집값 통계의 신뢰성

주간 단위로 발표되는 아파트값 통계는 얼마나 믿을 수 있을까요? 조사 기간이 짧고 표본이 제한적이며, 실제 거래가격뿐만 아니라 매도자의 호가도 반영되기 때문에 통계의 신뢰성이 떨어질 수 있습니다.

한국부동산원은 전국 209개 시군구의 3만 3,500가구를 대상으로 주간 및 월간 주택가격을 조사합니다. 그러나 주간 단위의 짧은 조사 기간과 제한된 표본으로는 정확성을 담보하기 어렵습니다. 이러한 통계를 기반으로 시장을 판단한다면 잘못된 결론에 이를 수 있습니다.

예를 들어, 아파트값이 매주 0.01%, 0.02%, 0.03%, 0.04%씩 한 달간 상승했다고 가정해 봅시다. 아파트값이 10억 원이라면 각각 10만 원, 20만 원, 30만 원, 40만 원 오른 것입니다. 매주 상승세를 유지했다고 해서 집값 반등의 신호로 봐야 할까요? 그렇지 않습니다. 이는 협상 과정에서 발생하는 미미한 가격 변동일 수 있으므로 과도하게 반응할 필요가 없습니다. 집값 통계는 참고자료로 활용하고, 직접 확인한 실거래가를 기반으로 자신의 기준과 시장가를 설정해야 합니다.

부동산 시장은 복잡하고 다양한 요인에 의해 움직입니다. 공급자는 자기들에게 유리한 정보를 강조하며 소비자들의 판단을 흐리게 합니다. 또한, 정부 주도의 통계 생산은 오류나 왜곡의 가능성을 내포하고 있습니다. 따라서 소비자들은 통계의 함정에 빠지지 않도록 항상 경계해야 합니다.

소비자의 시선

첫째, 통계의 표본과 범위를 확인하십시오. 둘째, 지연된 지표의 한계를 인지하십시오. 셋째, 숫자 뒤에 숨은 인간의 마음과 행동을 이해하십시오. 넷째, 부정확한 통계의 영향을 주의하십시오. 다섯째, 정부 주도의 통계 생산에 대한 비판적 시각을 가지십시오. 여섯째, 다양한 정보원을 통해 시장을 다각도로 분석하십시오. 이러한 노력이 쌓일 때, 비로소 공급자의 시선에 흔들리지 않고 자신만의 판단 기준을 세울 수 있을 것입니다. 부동산 시장에서 현명한 선택을 하기 위해서는 표면적인 통계에만 의존하지 않고, 그 이면에 숨은 진실을 파악하는 지혜가 필요합니다.

02

경쟁률과
완판 분양의 함정

'완판'이라는 말에 현혹되지 말자.
'완판'의 매력과 '희소성'의 유혹 뒤에는 언제나 감춰진 계산서가 있다.

    부동산 시장에서는 높은 청약 경쟁률의 매력과 완판 현상이 계약을 촉진하고 유도하는 강력한 도구로 작용하는 경우가 많습니다. 개발자와 판매 대리인은 부동산에 대한 긴박감과 바람직함을 조성하기 위해 이러한 요율을 자주 강조합니다. 높은 경쟁률을 자랑하는 프로젝트는 수요가 많은 것으로 나타나 탁월한 가치나 독특한 특징을 제시합니다.

    그러나 이러한 인기의 겉치레 이면에는 공급자와 소비자 모두가 이해해야 할 복잡한 현실이 숨어 있습니다. 높은 청약 경쟁률이 항상 성공적인 계약으로 이어지는 것은 아니며, 매진 판매 현상은 때로는 오해를 불러일으킬 수 있습니다. 특히 '조직 판매' 또는 '벌떼 판매'와 같은 전술이 사용될 경우 더욱 그렇습니다.

공급업체 입장에서는 전략적으로 높은 청약 경쟁률을 마케팅합니다. 이는 시장에 화제를 불러일으켜 수익성 있는 기회를 놓치게 될까 봐 두려워하는 잠재 구매자의 관심을 끌어당깁니다. 이것의 이면에 있는 심리학은 간단합니다. 많은 사람들이 동일한 부동산을 놓고 경쟁한다면, 그것은 가질 가치가 있는 것이어야 합니다. 개발자는 홍보 자료, 보도 자료, 판매 홍보 자료에서 경쟁률을 강조하며 당신이 본 부동산이 가질 가치가 있다는 점을 강조합니다.

매진의 심리학

'매진'이라는 용어는 성공을 의미합니다. 부동산이 매진되었다고 선언되면 수요가 높다는 개념을 심어주게 되고, 수분양자들은 '피(프리미엄)'를 붙여 매물로 내놓습니다. 이른바 '벌떼 판매'(100~300명의 사람들이 벌떼처럼 모여 아파트를 판매하는 임시 마케팅 조직이 참여하는 것)로 알려진 조직적 판매는 건설사들이 조기 분양 완료가 목표이거나 미분양 물량이 너무 많을 때 선택합니다.

영업사원에게는 아파트 한 채당 수백만 원에서 수천만 원 이상의 수수료를 줍니다. 그래서 영업사원들은 의욕이 넘치고 때로는 공격적인 전술을 사용하여 판매에 나서게 됩니다. 진을 치고 무분별하게 전화를 거는 상담사들, 온갖 좋은 소식이 담긴 개발 계획을 브리핑하는 직원들, 계약을 체결하는 고객들로 분주한 환경을 조성합니다. 수요가 많다는 착각을 일으키기 위해 고용된 가짜 고객이 동원되는 경우도 비일비재합니다. 모델하우스 안의 긴장감 넘치는 분위기는 사람들에게 '더 늦기 전에 계약을 체결하라'는 심리적 압박을 가합니다.

어떤 분양 사무소 현장에서 계약서에 서명한 40대 여성은 "귀신에 홀린 듯한 느낌을 받았다."고 했습니다. 그녀는 이른바 '로열동 로열층'이 거의 매진되었지만 지금 빨리 분양받으면 잡을 수 있다는 영업사원의 귀중한(?) 조언에 서둘러야겠다고 생각해 망설임 없이 계약서에 서명했다고 합니다. 이것은 '매진'이라는 '희소성 편향'의 심리적 함정에 어떻게 빠질 수 있는지를 보여주는 좋은 사례이고, 실제로 이런 식으로 분양받은 사람들이 참 많습니다.

우리는 '오늘만 한정 판매', '마감일이 임박했다', '마지막 기회' 같은 말에 쉽게 동요됩니다. 희소성에 대한 인식은 더 이상 기회가 없을 것이라는 두려움 때문에 충동적인 결정을 내리게 만듭니다. 영업팀은 이러한 희소성 편향을 이용하여 구매자가 성급한 결정을 내리게 하고, 나중에 자신의 선택을 후회하게 만듭니다.

청약 경쟁률의 이면

청약 경쟁률이 실제로 무엇을 나타내는지 살펴보는 것이 중요합니다. 이는 사용 가능한 세대당 신청자 수를 나타내지만 실제 판매로 전환될 가능성을 고려하지는 않습니다.

경쟁률을 왜곡할 수 있는 요소는 다음과 같습니다.

첫째, 신청 용이성입니다. 신청 절차가 간단하고 최소한의 노력만 필요하다면 더 많은 사람들이 즉흥적으로 신청할 수 있도록 한 것입니다.

둘째, 신청에 대한 인센티브입니다. 판매자는 신청자에게 특전을 제공하여 반드시 판매로 이어지지는 않아도 되는 신청 횟수가 늘어나도록 합니다.

셋째, 지리적 유연성입니다. 경우에 따라 전국 어디에서나 신청서를 제출할 수 있어 잠재적인 지원자 풀이 넓어지는 동시에 추측성 참가 비율도 높아지도록 합니다.

공급자로서 개발자는 정보를 투명하고 윤리적으로 제공할 책임이 있습니다. 높은 경쟁률 및 희소성과 같은 긍정적인 측면을 강조하는 것은 합법적인 마케팅 전략이지만 통계나 사실을 부풀려서 오인하게 만들면 그것은 시장 교란 행위가 될 것입니다.

소비자의 시선

높은 청약 경쟁률과 매진된 분양은 겉으로는 인기와 희소성을 나타내지만, 실제로는 마케팅 전략이 작용한 경우가 많습니다. '마지막 기회'라는 말이 들려도 차분하게 시장 상황을 분석하는 것이 필수입니다. 주변 시세와 실거래가를 비교하고, 프로젝트의 실제 가치를 파악한 후 신중한 결정을 내리는 것이 바람직합니다.

03

아파트값 우상향론의 함정

불패의 신화가 영원할까?
무조건적인 상승에 대한 믿음은 이제 위험한 착각이 될 수 있다.

'강남 불패', 대한민국 부동산 시장에서 흔히 들을 수 있는 말입니다. '강남은 결코 패배하지 않는다'는 의미로, 서울 강남 지역의 부동산 가격은 절대 떨어지지 않고, 오히려 시간이 지날수록 계속 상승한다는 믿음을 반영하고 있습니다. 강남이라는 지역이 한강을 중심으로 형성된 부촌으로 막강한 자산 가치를 유지해 온 것은 사실이지만, 과연 이러한 믿음이 현재에도 변함없이 적용될까요?

강남, 얼마나 우상향한 걸까?

《강남의 탄생》(한종수 외 저)을 보면 다음과 같은 통계가 나옵니다. 1963년의 땅값을 100으로 설정했을 때, 1970년의 압구정동은 2,500, 신사동은 5,000으로 올랐습니다. 1979년에 압구정동은 89,000, 신사동은 100,000이 되었습니다. 1963년에서 1979년까지 16년간 압구정동의 땅값은 890배, 신사동은 1,000배 상승한 것입니다.

연도	압구정동(1963=100)	신사동(1963=100)
1963	100	100
1970	2,500	5,000
1979	89,000	100,000

이러한 강남 부동산의 폭등, 아니 폭발은 아파트를 봐도 알 수 있습니다. 1976년 입주한 압구정 현대 아파트의 30평형 분양가는 865만 원, 60평형은 1,770만 원이었습니다(혹시 놀라실까 봐 확인해 드립니다. '평당' 금액이 아닙니다. 아파트 한 채의 가격입니다). 물론 당시에도 결코 싸지 않은 금액이었습니다. 이 아파트가 분양된 지 50년이 지난 지금은 재건축을 앞두고 있습니다. 현재 이 아파트 60평형의 매매가는 80억 정도입니다. 60년 만에 약 450배 오른 셈입니다. 전문가들은 재건축 후 100억 원을 넘

어갈 것이라는 전망도 내놓고 있습니다. 그야말로 '강남 불패'입니다.

많은 이들이 강남 지역의 아파트를 사기 위해 목돈을 모으고, 대출을 감수하며, 투자할 기회를 끊임없이 노립니다. 이는 강남만의 이야기가 아닙니다. '아파트값은 우상향한다'는 믿음은 특정 지역이나 인기 있는 아파트 단지에도 적용됩니다. 아파트값은 꾸준한 상승세를 보여 왔으니까요. 그런데 이러한 믿음은 여전히 유효할까요?

1980년대에서 2000년대 초반까지는 '사기만 하면 오른다'는 말이 허황된 이야기가 아니었습니다. 이 시기 우리나라는 빠른 경제 성장과 함께 인구가 급격히 늘어났고 대도시로의 인구 집중화가 빠른 속도로 이루어졌습니다. 특히 서울과 수도권에는 각종 인프라가 집중되며 주택 수요가 폭발적으로 증가했습니다. 이때 서울과 같은 대도시의 아파트값이 우상향하는 것이 자연스러웠고, '내 집 마련'은 투자와 안정적인 자산 증식의 상징으로 여겨졌습니다. 일단 아파트를 매입한 후 시간이 지나면 값이 오르는 것이 당연했고, 실제로도 그렇게 작동했습니다.

갈수록 인구는 줄어드는데

지금의 상황은 그때와 다릅니다. 대한민국의 인구 증가율은 점차 둔화되어 오히려 인구가 줄어드는 시대에 섭어들있습니다. 2024년, 통계청이 발표한 '2022년 기준 장래 인구 추계를 반영한 세계와 대한민국의

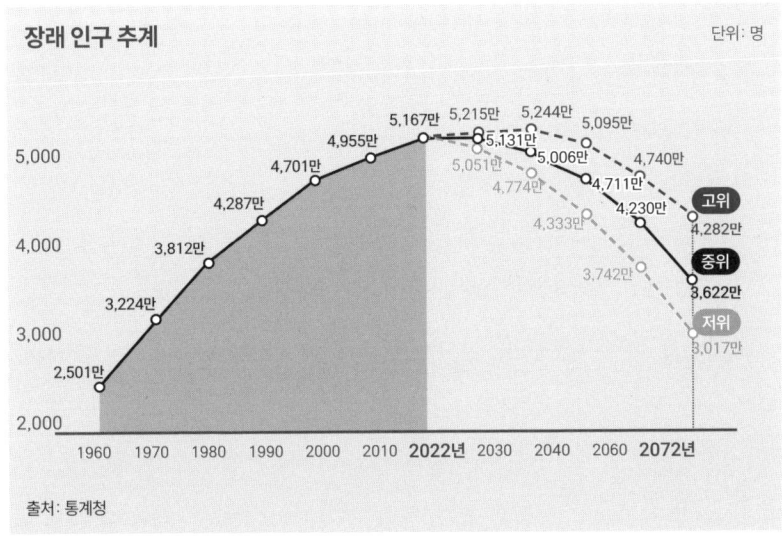

'인구 현황 및 전망'을 보면, 우리나라의 인구는 5,200만 명에서 지속적으로 줄어들어 2072년에는 3,600만 명으로, 2024년 대비 30.8%가 줄어들 것으로 예상하고 있습니다.

50년 후에는 아파트가 남아돌게 됩니다. 빈집 아파트가 되지 않으려면 부수고 멸실해야 되는데, 지금 지어지는 아파트는 최소 50년은 버틸 겁니다. 그때 가서는 재건축이 아니라 부숴서 없애야 할지도 모릅니다.

또한 도시 집중화가 한계에 다다르면서 서울과 대도시 외곽 지역에는 더 이상의 급격한 인구 유입을 기대하기도 어렵습니다. 그래서 같은 도시에서도 입지나 상품성에 따라 아파트값이 극명하게 갈리고 있습니다. 강남, 서초, 송파와 같은 고가 아파트 밀집 지역은 여전히 높은 수요를 유지하고 있지만, 그 외의 지역이나 상품성에서 뒤처지는 아파트들은 가격 하락을 경험하기도 합니다. 이처럼 서울 내에서도 지역에 따라, 아파트 단지에 따라 수요 집중이 심화되면서, '우상향'이 아닌 '초양극화' 시대가 도래한 것입니다.

한때 주목받던 구축 아파트도 예외가 아닙니다. 2020년과 2021년, 부동산 시장이 강력한 상승장이었을 때는 구축 아파트들도 크게 올랐습니다. 당시에는 신축 아파트뿐만 아니라 리모델링이나 재건축 가능성이 있는 구축 아파트에도 수요가 몰리며 가격 상승을 보였습니다. 그때는 무엇을 사도 다 올랐던 시기였습니다.

그러나 2022년부터 시작된 시장 조정기는 이러한 상황을 변하게 만들었습니다. 2023년의 부동산 시장에서 신축 아파트와 구축 아파트의 가격은 극명하게 갈렸습니다. 현재도 신축 아파트는 여전히 높은 가격을 유지하고 있지만, 구축 아파트는 가격이 하락하거나 매수자들의 관심을 잃었습니다. 가격은 일부 지역에서 정체되거나 하락하는 모습을 보이고 있습니다. 이처럼 부동산 시장은 더 이상 '무조건 우상향'이라는 법칙이 적용되지 않으며, 선택과 집중이 중요한 시점이 되었습니다.

많은 사람들이 강남 아파트를 선호하는 이유는 단순합니다. 그곳이 좋은 학군과 편리한 교통, 높은 생활 편의성 등 다양한 요소들이 조화를 이루는 곳이기 때문입니다. 하지만 강남뿐만 아니라 다른 지역에서도 비슷한 요인들이 작용합니다. 모든 사람이 선호하는 특정 아파트는 시간이 지나도 꾸준히 가격이 오를 가능성이 큽니다. 이러한 아파트들은 항상 수요가 많기 때문에 그 가치는 유지됩니다.

점점 양극화되어 가는 아파트 시장

내가 선택한 아파트가 모두가 원하는 아파트가 아닐 경우, 가격은 오르지 않거나 오히려 하락할 가능성이 있습니다. 지역에서도 입지나 상품성이 떨어지는 아파트는 외면받기 쉽습니다. 과거에는 단순히 '서울에 산다'는 것만으로도 집값 상승을 기대할 수 있었지만, 이제는 서울 내에서도 철저하게 구역이 나뉘고 있습니다. '좋은 아파트'와 '그저 그런 아파트'의 차이는 점점 더 극명해질 것이라고 봅니다.

부동산 시장은 이제 더 이상 '무조건 우상향' 법칙이 적용되지 않는 시대에 접어들었습니다. 인구 감소, 고령화, 주택 공급 증가 등 다양한 요소들이 부동산 시장의 방향성을 변화시키고 있습니다. 특히 지방의 인구 감소는 해당 지역의 부동산 수요를 급격히 줄일 것이며, 서울과 수도권의 일부 외곽 지역도 공급 과잉으로 인해 가격 하락 압력을 받을 수 있습니다.

이제 부동산 투자자는 단순히 과거의 성공 공식에 의존해서는 안 됩니다. 지역별, 상품별로 세밀한 분석이 필요하며, 그 지역의 미래 가치를 면밀히 평가해야 합니다. 무조건적인 우상향의 시대는 끝났으며, 선택과 집중이 필요한 새로운 국면에 접어들었다는 사실을 인식해야 합니다.

소비자의 시선

 부동산 시장에서 우상향론을 맹신하는 것은 더 이상 유효하지 않습니다. '강남 불패'라는 믿음도 특정 지역에서만 통할 뿐, 이제는 강남 내에서도 그 격차가 벌어지고 있습니다. 지역별 특성과 입지의 미래 가치를 꼼꼼히 분석하는 태도가 필요합니다. 과거 성공 사례를 그대로 기대하기보다 인구 구조와 경제 상황, 공급 과잉의 가능성 등 다양한 요소를 고려한 전략을 세우는 것이 중요합니다. 무조건적인 상승을 기대하기보다는 새로운 부동산 전략을 세우는 것이 앞으로의 시장에서 성공을 이끌어낼 열쇠가 될 것입니다.

04

정부는 집값 하락을
원하지 않는다

집값이 떨어진다고 반길 일은 아니다.
정부는 부동산의 붕괴를 막기 위해 언제든 움직일 준비가 되어있다.

　대한민국 경제에서 부동산 시장이 차지하는 비중은 그야말로 심장과도 같습니다. 집값이 치솟으면 온 사회가 들뜨지만, 반대로 집값이 급락하는 상황도 정부 입장에서는 전혀 반갑지 않습니다.

　어떤 정부든 부동산 가격의 폭등을 막기 위한 정책들을 연이어 내놓지만, 그 이면에는 집값이 급격히 하락하는 것을 막고 싶어 하는 정부의 속내가 깔려 있습니다. 왜냐하면, 부동산 시장의 급격한 붕괴는 경제 전반에 엄청난 충격을 주기 때문입니다.

　여기서 중요한 점은 정부가 부동산 시장을 안정시키려는 노력이 단순히 국민의 주거 안정성을 보장하기 위한 것만은 아니라는 사실입니다. 부동산은 대한민국 경제의 내수 시장을 움직이는 핵심 산업입니다. 집값이 급락하면 관련 산업, 특히 건설사와 금융권이 큰 타격을 입습니다. 이는 단순한 업계의 문제가 아닙니다. 금융권과 건설업계가 흔들리면 그 파급력은 경제 전체로 확산됩니다. 부동산 시장이 안정적이지 않으면 경제가 흔들리는데, 이는 정부로서도 절대 피하고 싶은 시나리오입니다.

개발자들은 사업을 할 때 부동산 PF 대출을 일으키는데, 이런 조달 방식은 집값이 계속 오를 것이라는 전제를 깔고 있습니다. 하지만 집값이 떨어지면 분양이 순조롭지 못하게 되고, 수익 창출에 차질이 생기며, 대출을 갚을 수 없게 되는 상황이 벌어집니다. 한두 개의 프로젝트가 실패하는 것만으로도 건설사와 금융기관 모두 큰 타격을 입게 됩니다. 이 경우, 금융 시스템 전체에 불안이 전이되면서 경제 전반에 악영향을 미치는 결과로 이어질 수 있습니다.

부동산 시장의 붕괴는 단순히 건설사와 금융권에 한정된 문제가 아닙니다. 이는 자산 시장 전체의 위축으로 이어지고, 그로 인해 경제 활동 전반이 얼어붙는 결과를 초래합니다. 부동산 시장에서 자산 가치는 곧 국민들의 주요 자산입니다. 많은 가정이 주택을 자산으로 삼고 있는데, 만약 집값이 하락한다면 자산 가치는 당연히 감소하고, 이는 소비 심리에도 직격탄을 날리게 됩니다.

사람들은 자산이 감소하면 소비를 줄이기 시작합니다. 소비가 줄면 내수가 침체되고, 이는 결국 경제 전반의 성장 둔화로 이어집니다. 이런 맥락에서 정부가 부동산 시장의 가격 급락을 막기 위해 나서는 것은 어찌 보면 당연한 일입니다. 부동산 시장의 안정이 곧 경제 안정으로 이어지기 때문입니다.

리치 이펙트 vs. 푸어 이펙트

부동산 가격이 오를 때 나타나는 현상 중에 '리치 이펙트(Rich Effect)'라는 것이 있습니다. 아파트값이 상승하면 사람들은 부유해졌다고 느끼고, 소비를 더 많이 하게 됩니다. 예를 들어, 고가의 자동차를 구입하거나 해외여행을 떠나기도 하고, 자녀 교육에 더 많은 비용을 투자하기도 합니다. 이처럼 집값 상승으로 인한 부의 증가는 단순한 심리적 만족을 넘어 실질적인 경제 활동으로 연결됩니다. 더 많이 소비한다는 것은 곧 경제 성장에 긍정적인 신호로 작용합니다.

반면, 집값이 하락하면 그 반대 현상이 나타납니다. 이것을 '푸어 이펙트(Poor Effect)'라고 합니다. 사람들은 자산이 줄어들었다는 불안감에 휩싸여 소비를 줄이게 됩니다. 소비 위축은 내수 부진으로 이어지고, 이는 경제 전반에 부정적인 영향을 미칩니다. 특히, 부동산 시장이 경제 전반에 미치는 영향력이 큰 대한민국의 경우, 집값 하락으로 인한 푸어 이펙트는 매우 치명적일 수 있습니다.

정부는 푸어 이펙트를 막기 위해 부동산 가격의 급락을 경계합니다.

국민들이 집값 하락으로 인해 경제적 상실감을 느끼고, 소비를 줄이기 시작하면 경기는 급격히 둔화될 수 있기 때문에 부동산 시장이 급격히 냉각되지 않도록 정부는 시장의 흐름을 적절히 조율하려고 합니다.

정부가 내세우는 부동산 정책의 목표는 늘 '가격 안정화'입니다. 여기서 말하는 안정화는 사실 집값 하락을 의미하지 않습니다. 정부가 "집값을 잡겠다."는 말을 많이 하지만, 그 이면에 숨겨진 의도는 폭등을 막고 시장을 일정 수준에서 안정시키려는 것입니다. 즉, 집값을 떨어뜨리려는 것이 아니라 지나친 상승을 억제하는 것이 목적입니다.

정부가 과거부터 현재까지 시도해 온 정책들을 보면, 집값 하락이 목표였던 적은 한 번도 없습니다. 다만 시장이 과열될 때 이를 일시적으로 진정시키고 투기를 억제하려는 노력이 있었을 뿐입니다. 그러나 시장이 냉각되거나 집값이 하락할 조짐이 보이면, 정부는 신속하게 규제를 완화하거나 금융 지원을 통해 부양책을 내놓아 시장을 다시 활성화시키려 합니다.

최근 몇 년 동안 우리는 정부의 부동산 정책에서 규제와 완화가 교차하는 패턴을 확인할 수 있었습니다. 시장이 과열되면 강력한 규제를 통해 투기를 억제하고, 반대로 시장이 하락하면 규제를 완화하거나 금융 지원을 강화하여 시장을 떠받치는 방식입니다. 이러한 패턴은 경제 전반의 흐름을 유지하기 위한 정부의 조치로 이해할 수 있습니다.

문제는 부동산 시장이 단순한 규제나 정책만으로는 조절하기 어려운 복잡한 시스템이라는 점입니다. 수요와 공급, 국내외 경제 상황, 금리, 심리 등 다양한 변수가 복합적으로 작용하기 때문에 정부의 의도대로 시장이 움직이지 않을 때가 많습니다. 때로는 시장을 진정시키기 위해 도입한 규제가 오히려 가격을 더 자극하는 경우도 있고, 반대로 시장을 부양하기 위한 정책이 부작용을 낳기도 합니다.

이런 딜레마 속에서 정부가 계속해서 추구하는 목표는 '급격한 하락을 피하면서도 지나친 과열을 막는 것'입니다. 참 어렵습니다. 이를 위해 정부는 다양한 정책 수단을 동원하지만, 항상 성공적일 수는 없습니다. 그럼에도 불구하고 한 가지는 분명합니다. 정부는 집값이 대폭 하락하는 상황을 결코 원하지 않는다는 것입니다.

소비자의 시선

부동산 시장은 정부 정책뿐 아니라 금리, 대출 규제, 경제 상황 등이 복합적으로 작용하는 구조입니다. 단순히 가격 하락을 기대하거나 상승을 예측하기보다는 정부의 정책 방향과 경제 지표를 함께 분석하기 바랍니다. 실제 거래 데이터와 지역별 시장 흐름을 주기적으로 점검하고, 재정적 여력을 기반으로 한 투자는 신중히 결정하십시오.

05

오피스텔, 생활형 숙박시설 투자의 민낯

한때 아파트 대체 투자처로 주목받던 오피스텔, 생숙, 지산 등
수익형 부동산 그 황금기의 끝이 다가오고 있다.

오피스텔, 생활형 숙박시설(생숙), 지식산업센터(지산) 등 이른바 수익형 부동산은 한때 아파트 대체제로 각광받았지만, 금리 인상과 시장 조정기 진입과 함께 그 실체를 드러내기 시작했습니다. 이러한 비주택 상품들은 한동안 규제로부터 자유로웠기에 투자자들의 큰 관심을 받았으나, 지금은 '무피'(프리미엄이 없는 분양권), '마피'(분양가보다 낮은 가격에 팔리는 분양권) 매물이 시장에 쏟아져 나와 폭탄 돌리기와 같은 상황이 연출되고 있습니다.

수익형 부동산은 대출과 세금 규제를 받는 아파트와 달리 상대적으로 규제가 적고 임대 수익을 기대할 수 있는 상품으로 주목받아 왔습니

다. 오피스텔, 지식산업센터, 생활형 숙박시설, 그리고 도시형 생활주택(도생) 등이 여기에 속하며, 아파트값이 급등하고 각종 규제가 강화된 문재인 정부 시절, 투자자들은 규제가 덜한 이들 상품으로 몰려들었습니다.

특히, 2020년 초저금리 시대에 공급자들은 대규모 오피스텔과 비주택 상품을 시장에 공급하며 '안정적인 임대 수익', '대출을 받아도 수익을 얻을 수 있다'는 메시지로 투자자들을 유혹했습니다. 아파트 규제는 강화되었지만, 수익형 부동산은 규제에서 자유로웠기 때문에 투자자들이 몰려들었습니다. 청약 경쟁률은 매우 높았고, 분양도 거의 다 완판되었습니다. 그렇게 돈을 번 개발자들은 다른 곳의 땅을 비싸더라도 사들여서 또 다시 개발에 나섰습니다.

그러나 금리 인상이 시작된 2022년부터 상황이 급격히 변하기 시작했습니다. 금리 인상은 대출 비중이 높은 수익형 부동산의 수익성을 급속히 악화시켰고, 투자자들이 더 이상 수익을 기대할 수 없는 상황으로 몰고 갔습니다.

다양한 유형의 수익형 부동산

오피스텔, 생활형 숙박시설, 도시형 생활주택 등은 각각 용도와 규제 측면에서 차이가 있습니다. 오피스텔은 주거와 업무용으로 활용되며, 일부는 주택으로 간주되기도 하고, 생활형 숙박시설은 장기 투숙이 가능하지만 전입 신고가 불가능합니다. 또한 도시형 생활주택은 작은 크기의 원룸형 아파트로 시작해 규제가 완화되며 소형 아파트로 발전했습니다.

이들은 각기 다른 법적 지위와 용도를 가지고 있음에도 불구하고, 금리 상승과 시장 침체로 인한 수익성 하락이라는 공통적인 문제를 겪고 있습니다. 특히 오피스텔은 대출 규제가 강해지고, 주택 수에 포함되어 세금 부담이 늘어나면서, 매매가는 하락세를 보이고 있습니다. 2022년 7월에 102.86까지 올랐던 오피스텔 매매가격지수는 2024년 11월에 99.68로 떨어졌습니다.

수익형 부동산의 가장 큰 장점은 안정적인 임대 수익이었으나, 금리 상승과 함께 수익성은 급격히 악화되었습니다. 오피스텔과 같은 상품은 금리가 낮을 때에는 투자자들에게 유리한 구조이지만 금리가 오르면 그 구조가 완전히 뒤집힙니다. 임대 수익으로 대출 이자를 감당하지 못하는 상황이 이어지면서, 투자자들은 결국 손실을 보며 매물을 내놓기 시작했습니다.

2023년 1월부터 비주택 담보대출에 대한 규제가 강화되었고, 이는 오피스텔 투자에도 큰 타격을 주었습니다. 대출 한도가 줄어들면서 수익형 부동산의 매력은 크게 떨어졌고, 이에 따라 투자자들이 오피스텔을 낮은 가격에 매도하는 사례가 증가하기 시작했습니다.

지식산업센터와 생활형 숙박시설도 오피스텔과 같은 문제를 겪고 있습니다. 지식산업센터(지산)는 제조업, 정보통신업 등 다양한 산업이 입주할 수 있는 복합 건물로, 한때 '아파트형 공장'으로 불리며 인기를 끌었지만, 공급 과잉과 금리 인상으로 마피 매물이 속출하고 있습니다. 2010년 전국에 481곳에 불과했던 지산은 2022년 기준 1,369곳으로 늘어났고, 이와 같은 공급 과잉은 필연적으로 수익성 하락을 초래했습니다.

생활형 숙박시설(생숙)은 장기 투숙이 가능한 숙박시설로, 한때 수익형 부동산 시장에서 큰 인기를 끌었지만, 이제는 공급 과잉과 금리 인상으로 인해 수익률이 하락하고 있습니다. 이 상품은 전입 신고가 불가능하고, 실거주 목적보다는 임대 수익을 기대한 투자자들이 많이 몰렸습니다. 하지만 공실이 늘어나고 수익률이 떨어지면서 투자자들이 생숙을 빠르게 매도하는 상황이 이어지고 있습니다.

폭탄 돌리기와 신중한 투자

부동산 커뮤니티에는 '지식산업센터 마피 급매', '생숙 무피 전매'와 같은 글이 넘쳐납니다. 이러한 현상은 결국 폭탄 돌리기로 이어질 가능성이 높습니다. 투자자들은 수익성을 보장받기 어렵다고 판단하고 빠르게 매물을 던지고 있지만, 새로운 투자자들이 이를 받아들이지 않아 경매로 나오는 물건들이 많아졌습니다.

금리 상승기에는 수익형 부동산의 매력이 급격히 줄어들고, 특히 높은 대출 비중으로 투자한 상품일수록 리스크가 크기 때문에 장기적인 안목을 가지고 투자해야 합니다.

현명한 투자자는 단기적인 시세 차익에만 집착하지 않고, 시장 분석과 금리 변동에 대한 주의를 기울입니다. 수익형 부동산의 수익성은 단순한 임대 수익뿐만 아니라 이자 비용, 관리비, 공실 위험 등을 종합적으로 고려해야 합니다. 특히, 공급 과잉이 이어지는 시장에서는 공실 위험이 크므로 더욱 신중한 자세가 필요합니다.

강남역 근처 오피스텔처럼 교통이 편리한 지역이라 하더라도, 임대 수익률이 과거처럼 높지 않다는 점을 인식해야 합니다. 많은 사람들이 역세권 오피스텔의 안정성을 기대하겠지만 금리가 수익보다 높으면 더 이상 가치는 없다는 점을 알아야 합니다.

소비자의 시선

수익형 부동산 투자 시에는 금리 변동성, 대출 규제 강화, 공실 위험을 종합적으로 고려해야 합니다. 단기 시세 차익에 집착하지 말고, 장기 임대 수익과 유지비를 냉철하게 계산하는 게 핵심입니다. 특히 공급이 넘치는 지역에서는 공실 리스크가 크므로 더욱 신중하게 접근해야 합니다.

06

선분양제가 감추고 있는 것들

눈에 보이지 않는 집을 계약할 때,
그 뒤에 따라오는 위험은 누가 책임지는가?
과연 무엇을 믿을 수 있는가?

지금의 아파트 분양제도는 오랜 기간 주택 공급의 주요 방식으로 자리 잡았습니다. 그러나 이 제도는 겉으로 드러나지 않는 여러 문제점을 내포하고 있습니다. 이번에는 분양제도의 이면을 살펴보고, 소비자와 공급자 사이의 이해관계를 분석하여 현명한 부동산 투자에 필요한 통찰을 제공하고자 합니다.

선분양제도의 배경과 문제점

우리나라의 아파트 분양제도는 크게 선분양제도와 후분양제도로 나누어집니다. 선분양제도는 건물이 완공되기 전에 주택을 미리 판매하는 방식으로, 입주 예정자가 분양가의 최대 80~90%를 계약금이나 중도금 형태로 지불합니다. 이는 건설사와 시행사에게 자금 조달의 효율성을 높이고, 금융비용을 절감하며, 사업 리스크를 최소화할 수 있는 장점을 제공합니다. 적은 초기 자본으로도 사업을 진행할 수 있어 자본력이 부족한 건설사도 쉽게 시장에 참여할 수 있습니다.

하지만 선분양제도는 소비자에게 보이지 않는 위험을 안겨줍니다. 보지도 못한 집을 구매해야 하므로 품질 하자, 설계 변경, 입주 지연 등의 위험에 노출됩니다. 건설사가 부실 공사를 하거나 공사를 중단하는 경우에도 소비자는 이미 지불한 금액 때문에 피해를 입게 됩니다. 또한, 분양권을 되팔아 투기 목적으로 이용하며 부동산 시장의 불안을 가중시켰습니다.

후분양제도의 등장과 변화하는 분양 방식

후분양제도는 이러한 문세를 해결하기 위한 대안으로 제시되었습니다. 주택이 60~80% 이상 완공된 후 실제 상태를 확인하고 구매하는 방식으로, 소비자의 신뢰도를 높일 수 있습니다. 건설사가 먼저 자금을 융통해서 건설을 진행하므로, 재정 능력이 있는 건설사만 참여하게 되어 부실 공사나 공사 중단의 위험을 줄일 수 있습니다. 소비자는 완공된 아파트를 직접 확인하고 분양받을 수 있어 품질 하자나 설계 변경 등의 위험을 감소시킬 수 있다는 장점이 있습니다.

후분양제도는 소비자에게 여러 장점을 제공합니다. 건설사가 모든 사업비용을 부담하므로 자본력이 있는 건설사만 참여하게 되어, 부실 공사나 공사 중단의 위험이 줄어듭니다. 또한, 소비자는 완공된 아파트를 직접 확인하고 구매할 수 있어 품질 하자나 설계 변경 등의 위험을 줄일 수 있습니다. 아파트에 문제가 있다는 소문이 돌면 사람들이 분양을 꺼리게 되므로, 건설사들은 건물의 품질에 더욱 신경을 쓰게 됩니다.

후분양의 단점 중 하나는 구매자가 자금을 준비하는 시간이 짧다는 겁니다. 입주 전에 잔금까지 치르려면 거액을 단기간에 준비해야 하고, 분양가도 선분양제도에서보다 높을 수 있습니다. 건물을 짓는 동안 시간이 흘러 아파트값이 오르면 분양가를 높게 책정할 수 있기 때문입니다. 그리고 건설사가 모든 프로젝트 비용을 먼저 충당해야 하므로 금융이자 비용이 고스란히 반영되어 분양가는 자연히 높아질 수밖에 없습니다(선분양은 계약금 중도금을 수분양자들이 내기 때문에 금융이자 비용이 분양가에 반영되는 것이 아니라 수분양자들의 대출에 녹아들게 되는 구조입니다). 또한 후분양은 소비자의 초기 투자비용을 증가시키고 기간이 짧다는 것 또한 단점입니다.

최근 부동산 시장에서는 분양 방식의 변화가 나타나고 있습니다. 분양가 상한제의 적용 지역이 줄어들면서, 건설사들은 후분양을 통해 분양가를 자유롭게 책정하고 있습니다. 그러나 이는 소비자의 부담을 증가시키고 투자 수익률을 낮출 수 있습니다.

투자자들은 이러한 시장 변화를 인지하고, 초기 투자비용과 잠재적인 수익률을 신중히 계산해야 합니다. 높은 분양가로 인해 투자 수익률이 감소하고, 부동산 시장의 하락세가 이어질 경우 손실을 입을 수 있습니다. 따라서 투자를 결정하기 전에 시장 상황을 면밀히 분석하고, 장기적인 관점에서의 수익성을 고려해야 합니다.

소비자의 시선

이런 말이 있습니다. '아파트를 분양 받거나 다른 부동산을 사거나 했을 때 잠이 잘 오면 성공한 투자이고, 왠지 잠을 잘 못 자면 잘못된 투자다.' 그 정도로 부동산 투자는 삶의 질과 직결되는 중요한 문제입니다. 분양제도의 이면을 이해하고, 공급자의 말만 믿기보다는 충분히 조사하고 분석하는 것이 중요합니다.

07

지역주택조합은
원수에게 권한다?

평생의 집이 악몽이 될 수도 있다면? 보장된 것은 없다.
집이 아닌 약속에 돈을 걸 때는 더더욱.

'내 집 마련의 꿈'은 누구에게나 소중한 목표입니다. 특히 무주택자는 저렴한 가격에 아파트를 구입할 수 있는 기회를 놓치고 싶지 않습니다. 내 집 마련에 대한 기대감에 많은 사람들이 지역주택조합, 흔히 '지주택'이라고 불리는 사업에 관심을 갖게 됩니다. 지주택 사업이란 기본적으로 조합원들이 돈을 모아 토지를 매입하고 아파트를 짓는 방식입니다. 그러나 지주택의 현실은 기대와는 크게 다를 수 있으며, 실제로 많은 피해 사례가 발생하고 있습니다. 그래서 '지역주택조합은 원수에게나 권한다'는 말이 나올 정도입니다.

대체로 많은 지주택 사업들은 허위 또는 과대 광고로 시작됩니다.

'토지 확보율이 높으면 안전하다'는 광고는 사실과 다를 때가 많습니다. 대부분의 지주택 사업은 토지를 확보하는 데 큰 어려움을 겪고 있으며, 조합 설립 당시 광고된 '토지 확보율'이 실제 소유권 확보를 뜻하지 않을 때가 많습니다. 이는 단순한 '토지 사용 동의서' 비율을 의미할 뿐, 실질적으로 소유권이 확보되지 않은 경우가 대부분입니다.

K씨의 사례가 이를 잘 보여줍니다. 2020년, K씨는 한 지역주택조합에 가입했습니다. 홍보관 직원은 "토지 확보율이 80% 이상"이라고 자신 있게 말하며, 2년 내 착공이 이루어질 것이라고 설명했습니다. 그러나 2년이 지나도 공사는 시작되지 않았고, 확인 결과 직원이 말했던 80%는 토지 소유권이 아닌 '토지 사용 동의서' 비율에 불과했습니다. 실제로 확보된 소유권은 채 15%도 되지 않았습니다.

성공률이 희박… 100개 중 1개 될까 말까

문제는 지주택의 성공 확률이 극히 낮다는 것입니다. 100개 중 1개가 성공할까 말까 할 정도로, 성공적인 사례를 찾기가 정말 어렵습니다. 그 이유는 사업 진행 기간이 길어지면서 조합원들에게 거뒀던 자금이 빠르게 소진되지만, 실제로 사업 진척도는 매우 느리기 때문입니다. 일단 조합에 가입하면 돈을 쏟아부은 만큼 빠져나오기도 어렵습니다. 그래서 지주택을 '늪'이라고 표현하기도 합니다.

또한 지주택을 추진하는 사람들 대부분이 그렇게 책임감 있는 사람들이 아닐 수 있다는 것도 문제입니다. 조합원들이 낸 회비가 다 떨어지면 그들은 떠나고, 남겨진 조합원들은 여전히 부족한 자금으로 사업을 이어가야만 합니다.

많은 사람들이 지주택에 가입하는 이유는 '비용 절감'입니다. 기존 분양 방식보다 저렴하게 집을 마련할 수 있다는 기대감 때문이죠. 그러나 지주택은 생각만큼 저렴하지 않습니다. 조합 설립 후 토지를 매입할 때 토지 소유주들은 '이왕이면 더 비싸게 받겠다'고 마음먹습니다. 시간이 흐를수록 토지 가격은 계속 오르게 되고, 이는 조합원들에게 추가 분담금 부담으로 돌아갑니다.

지주택 사업이 길어질수록 조합원들은 추가 비용을 계속 부담해야 합니다. 성수동 트리마제 아파트 사례에서 볼 수 있듯이, 토지 확보와 분양가 문제로 인해 사업이 지연되면 조합원들은 추가 분담금을 내야 하는 상황에 처하게 됩니다. 지주택 사업에서 이런 상황은 매우 흔한 일이며, 지주택의 가장 큰 리스크 중 하나로 꼽힙니다.

지주택 실패의 이유는 토지 소유권 문제

지주택 사업은 토지가 확보되지 않은 상태에서 공사를 시작할 수 없기 때문에, 토지 매입이 지연되면 사업 자체가 무산될 위험이 큽니다.

특히, 95% 이상의 토지 소유권을 확보하지 않으면 착공이 불가능하기 때문에 지주택 사업의 성공은 매우 희박해집니다.

지주택 사업은 그 자체로도 많은 위험을 내포하고 있지만, 사기 사건 또한 자주 발생합니다. 지주택 사기 사건에서는 조합원들이 허위 정보를 제공받고 큰 피해를 입는 경우가 많습니다. 서울 성동구의 한 지주택 사기 사건에서는 수백 명의 피해자가 발생했고, 조합원들이 납부한 수백억 원의 분담금이 사라졌습니다.

대형 건설사의 이름을 빌려 신뢰를 주는 경우도 있지만, 건설사는 단순 시공 계약만 맺고 조합 설립이나 사업 성공에 대한 책임을 지지 않습니다. 이는 조합원들이 사업이 지연되거나 무산되더라도 건설사에게 책임을 물을 수 없는 상황을 만들고, 그 부담은 고스란히 조합원들에게 돌아갑니다.

다른 개발 사업과 마찬가지로 성공적인 지주택 사업의 핵심은 '토지 확보'에 있습니다. 토지 확보가 제대로 되지 않으면 사업은 실패할 가능성이 매우 높습니다. 경기도 의정부의 힐스테이트 녹양역 사례는 사업 초기부터 토지 확보가 원활했고, 사업이 빠르게 진행되었기 때문에 성공적으로 마무리될 수 있었습니다. 그러나 이러한 성공 사례는 매우 드뭅니다.

지주택 사업이 지연되거나 자금이 부족해지면 결국 조합원들은 파산을 맞게 됩니다. 파산 절차를 밟게 되면 조합원들은 투자금을 되돌려받을 수 없고, 추가 분담금까지 부담하게 됩니다. 이는 조합원들에게 재정적으로 큰 타격을 주게 됩니다.

실제로 노량진의 지주택 사례에서도 조합원들은 사업이 지연되면서 추가 분담금을 계속해서 납부해야 했습니다. 이러한 사례는 지주택 사업의 위험성을 다시 한번 보여줍니다.

소비자의 시선

지역주택조합에 가입하기 전에는 반드시 토지 소유권 확보 상황과 사업 계획의 현실성을 철저히 확인해야 합니다. 공급자가 제시하는 홍보 자료나 광고만 믿었다가는 나중에 후회할 수 있습니다. 또한, 추가 분담금 발생 가능성을 고려하고, 계약서의 조건과 책임 규정을 꼼꼼히 검토하십시오. 그리고 다양한 형태의 지주택이 추진되기 때문에 지주택의 추진 주체가 누구인지 반드시 체크해 봐야 합니다. 전문가와 상담해 위험을 최소화하는 것이 중요합니다.

3장

소비자가 알아야 하는 진실

01

집값이 하락세라면
얼마나 버틸 수 있을까?

당신은 집값 하락세를 견딜 수 있는 준비가 되어있는가?
자산의 실제 가치를 시험할 시간이 다가오고 있다.

　가계의 수입 중 소비와 저축 등에 사용할 수 있는 이른바 가처분 소득이 줄어들고 금리 부담이 커지는 상황에서 아파트값은 계속해서 상승세입니다. 역방향으로 흘러가는 부동산 시장인데, 만약 아파트값이 하락세로 돌아서서 가파르게 내려간다면 사람들이 얼마나 버틸 수 있을지에 대해 생각해 봅시다.

　최근 몇 년간의 코로나19 팬데믹과 그 이후의 경제적 불확실성으로 인해 가계의 가처분 소득은 점점 줄어들고 있습니다. 물가는 계속해서 상승하고 있지만 소득은 물가 대비 거의 증가하지 않아 실질 소득은 오히려 감소하는 추세입니다. 특히 대출 부담이 늘어나면서 중산층과 젊은 세대들의 부동산 매수 여력이 크게 줄어들고 있습니다.

줄어든 가처분 소득과 금리 부담

경기가 어려워지자 한국은행은 2024년 10월 11일 기준금리를 0.25%p 인하했습니다. 경기 회복을 위해 2021년 8월 이후 38개월 만에 단행한 금리 인하 조치입니다. 그러나 가계의 대출 부담은 여전히 큽니다. 금리 인하는 단기적으로 대출 상환 부담을 줄여주지만, 이미 대출을 받은 사람들에게는 큰 부담입니다. 금리가 고점 대비 낮아진 상황이지만, 아파트값이 하락하면 집을 소유한 사람들은 자산 가치 하락과 금리 부담이라는 이중고를 겪을 수밖에 없습니다.

최근 아파트값 하락은 전반적인 경기 둔화와 밀접하게 연관되어 있습니다. 경제 성장률이 낮아지고 소비 여력이 줄어들면서 부동산 수요가 급격히 감소하고 있고, 특히 수익형 부동산의 수요가 확연하게 줄어들고 있습니다. 이는 부동산 가격 하락을 더욱 가속화시킬 수 있습니다. 특히 최근 몇 년간 급등했던 서울과 수도권 지역의 아파트값은 큰 폭으로 조정을 겪을 수 있는 확률이 높아져만 가고 있습니다.

이런 상황은 단순한 주택(부동산) 가격의 하락을 넘어 경제 전반에 걸친 도미노 효과를 일으킬 가능성이 큽니다. 부동산 시장에서 가격이 하락하면, 이를 담보로 대출을 받은 가계는 대출 상환 부담이 더 커지게 됩니다. 이는 주택담보대출의 핵심인 담보 가치가 하락하면서 금융기관이 담보 비율을 조정하거나 추가 담보를 요구하기 때문입니다. 담보 부족이 발생하면 대출자는 추가 자금을 마련하거나 기존 대출을 조기 상환해야 할 수 있어 재정 압박이 가중됩니다. 또한, 하락한 자산 가치는 가계의 소비 여력을 더욱 감소시키고, 이는 다시 경제 전반에 악영향을 미치게 됩니다. 부동산 시장이 경기 둔화의 핵심 원인으로 지목되는 이유입니다.

실망스러운 매물과 매도자들의 부담

아파트값이 하락하면 매물로 나오는 주택 수가 증가합니다. 매도자는 가격이 하락하면 매물을 적절한 시점에 팔지 못해 큰 손해를 볼 가능성이 큽니다. 특히 투자 목적으로 주택을 매입한 다주택자의 경우, 아파트를 팔지 못하고 유지해야 하는 상황에서 금융 부담이 크게 늘어날 수밖에 없습니다. 반면, 실수요자는 계속해서 주택 가격이 하락할 것이라고 예상하며 시장에 적극적으로 진입하지 않게 됩니다.

이는 매도자에게 큰 부담으로 작용할 수 있습니다. 집을 팔지 못하면 대출 상환 부담이 늘어나고, 추가적인 자산 매각을 통해 부채를 상환해야 하는 상황에 직면할 수 있습니다. 이러한 상황은 주택 시장에서의 거래량 감소와 함께 시장의 하방 압력을 더욱 강화하는 요소가 됩니다.

아파트값이 하락하는 상황에서 임대 사업자와 자가 소유자 간의 대응 방식에는 큰 차이가 있습니다.

아파트를 7억 원에 매입한 A씨와 B씨가 있다고 가정해 보겠습니다. A씨는 자가 소유자이고, B씨는 월세를 받는 임대 사업자입니다. 2년 후 아파트값이 6억 5,000만 원으로 하락했을 때, A씨는 5,000만 원의 평가손실을 보았다고 생각할 것이고, B씨는 매달 100만 원의 월세를 24개월 동안 받았기 때문에, 2,400만 원의 임대 수익을 올렸다고 생각할 것입니다. B씨는 5,000만 원의 평가손실에도 불구하고 월세로 수익을 얻었다고 계산할 수 있습니다. 이렇듯 자가 소유자는 아파트값 하락에 큰 스트레스를 받는 반면, 월세 수익을 올리는 임대 사업자는 가격 변동에 덜 민감한 편입니다.

하락을 견디지 못하는 다주택자들

그렇다고 모든 임대 사업자가 아파트값 하락에 무관심한 것은 아닙니다. 갭투자를 한 임대 사업자의 경우 아파트값이 하락할 경우 큰 타격을 받을 수 있습니다. 갭투자는 매매가와 전세가의 차이인 갭을 활용하여 투자하는 방식인데, 아파트값이 하락하면 전세가와의 갭이 커져 자금 회수가 어려워질 수 있습니다. 이는 갭투자사에게 큰 손실을 안겨주고, 이들은 더 이상 가격 하락을 견디지 못하고 매물을 내놓을 수밖에 없게 됩니다. 실제로 2022년에 수많은 갭투자자들이 매물을 내놓으며 손절을 시도했습니다.

2024년 10월과 11월, 연이어 단행된 한국은행의 기준금리 인하에도 불구하고(2025년 2월에도 인하) 대한민국의 부동산 시장은 얼어붙었습니다. 또한 2025년 3월 말에는 서울시의 토지거래 허가구역 해제와 재지정의 사건을 거치면서 이른바 '잠삼대청(잠실 삼성 대치 청담)'의 아파트 값이 다시 요동쳤습니다.

불확실성 속에서의 시장에 잘 대응하기 위해서는 레버리지 투자를 할 때 레버리지 비율을 최대한 줄여야 합니다. 부동산 투자에 실패한 대다수는 자기자본 비율이 매우 적은 무자본 갭투자를 했다는 사실을 잊어서는 안 됩니다.

소비자의 시선

아파트값 하락기에 무리한 레버리지는 위험을 가중시킬 수 있습니다. 레버리지 비율을 최소화하고, 철저한 현금 흐름 분석을 통해 예상되는 손실을 미리 감안하여 투자 결정을 내려야 합니다. 시장이 흔들릴 때 진정한 수익을 창출하는 사람은 충분한 현금 유동성을 유지하고, 위험 관리를 철저히 하는 이들이라는 점을 명심해야 합니다.

02

공급 부족은 아파트값 폭등을 가져온다?

아파트 공급만 늘리면 집값이 잡힌다고? 심리는 그리 간단하지 않다.
매도도 공급이다. 공급의 정의를 다시 생각해 보라!

「공급물량 계속 감소되면 2025~2026년 집값 폭등 재현 가능성」

「공급 부족…… 집값 폭등 이끈다」

「공급 부족으로 집값은 폭등할 것」

2024년 10월 당시, 네이버 검색창에 '공급 부족'을 입력하면 어렵지 않게 찾을 수 있었던 기사의 제목들입니다. 집값이 폭등할 때마다 '공급 부족'이 주된 원인으로 거론됩니다. 논리는 간단합니다. 경제의 기본 원칙 중 하나인 '수요와 공급의 법칙'에서 수요는 많은데 공급이 부족하면 가격은 올라갈 수밖에 없다는 것입니다.

공급 부족 논리의 실체

특히 대한민국 집값의 바로미터라 할 수 있는 서울 집값이 상승할 때는 많은 이들이 서울의 신규 주택 공급이 부족하기 때문에 가격이 상승했다고 말합니다. 그런데, 집값 상승의 원인이 이렇게 간단한 문제일까요? 정말 공급만 제대로, 적기에 해주면 집값을 잡을 수 있는 걸까요?

그렇지 않습니다. 부동산 시장은 늘 새로운 주택이 공급이 되고 거래가 되어야 경기가 활성화됩니다. 그래서 공급자가 공급을 잘할 수 있게 도움을 주는 게 정부의 중요한 역할이기도 합니다. 다만, 그 모든 공급을 소비자들이 다 받아줘야 수급이 원활해진다는 점이 부동산의 가장 큰 문제인데, 소비자가 다 받아주기엔 경제적으로 부담이 크기 때문에 미분양이 나는 것입니다.

공급이 부족해서 집값이 올라간다? 과연 공급이 많아지면 집값이 떨어질까요? 공급이 많아지면 수요를 소화할 수 있게 되어 집값이 하락한다는 것은 이론적으로는 맞습니다. 하지만 우리의 복잡다기한 현실은 그렇지 않다는 게 문제입니다. 신규 아파트가 공급되면 주변 지역의 아파트값이 올라가는 것을 우리는 여러 번 목격했습니다. 2024년 11월 입주를 시작한 '단군 이래 최대 물량'이라는 '둔촌 주공(올림픽파크포레온)' 재건축이 미분양되었을 때, 그대로 두었다면 어땠을까요? 정부가 개입하여 실거주 의무 3년 규정을 유예하는 등의 혜택을 주어 결국 완판은 되었습니다. 하지만 그다음에 무슨 일이 일어났습니까? P(프리미엄)가 10

억 붙었습니다. 인근 아파트값이 급격하게 상승했습니다. 공급이 늘어나면 집값이 떨어진다고요? 현실은 그렇지 않습니다.

이렇게도 생각해 볼 수 있습니다. 아파트값 상승의 원인이 공급 부족이라면, 서울 아파트값은 절대 하락해서는 안 됩니다. 왜냐하면 서울 아파트는 언제나 공급 부족 상태이기 때문입니다. 그런데 2022년 하반기에서 2023년까지 서울 아파트값은 어땠습니까? 공급이 부족했는데도 서울 아파트값은 하락을 면치 못했습니다. 결국 공급 부족이 아파트값 상승의 원인이 아닐 수도 있겠다는 생각을 해야 합니다.

물론 그들의 주장도 변주됩니다. 아파트값이 급등세를 보일 때는 절대적인 아파트의 총량이 부족하다고 합니다. 급등세가 꺾이는 상황이 되면 이번에는 '살 만한 아파트' 공급이 부족하다고 합니다. 가격이 하락세로 돌아서면 전개되는 그들의 다음 논리는 지역에 따라 공급이 차이 나기 때문이라고 합니다.

어떤 주장이 지속적으로 나올 경우, 메시지에서 잠시 거리를 두고 메신저를 살펴볼 필요가 있습니다. 그들은 어떤 사람들입니까? 보통 건설회사에 적을 두고 있거나 시행사 혹은 부동산 컨설팅 분야에서 일하고 있습니다. 즉, 공급자의 시선이라는 말입니다.

공급만으로 집값을 잡을 수 없는 이유

때만 되면 나오는 이른바 '공급 부족'론은 여러 측면에서 살펴봐야 합니다. 때로는 공급이 전혀 부족하지 않은 상황에서도 집값이 상승하기에, 깊이 있게 요모조모 따져봐야 합니다.

"아파트가 빵이라면 제가 밤을 새워서라도 만들겠지만……."
문재인 정부 시절, 김현미 국토교통부 장관이 한 말입니다. 무척 많은 논란을 불러왔습니다. 진보와 보수를 가리지 않고 비판과 비난을 쏟아냈고 희화화되었던 발언이지만, 메시지는 확실합니다. 주택 공급이 그만큼 어렵다는 얘기입니다.

부동산 정책에서 아마도 가장 어려운 문제는 수급의 시차를 맞추는 일일 것입니다. 공급이 부족하니 빨리 공급을 늘려야 한다는 말은 누구나 쉽게 할 수 있습니다. 주택 공급은 아무리 빨라도 5~7년이 소요됩니다. 그렇다면 5~7년 후에는 어떻게 될까요? 정작 수요가 줄어들어 과잉 공급이 될 수 있습니다. 수요에는 한 가지 성격만 존재하지 않습니다. 실수요, 투자 수요에 투기 수요까지 섞여 있습니다. 그래서 수요를 공급으로 맞춘다는 것은 매우 힘든 과제이기에 정부 정책은 수요를 관리하는 방향을 우선시합니다. 금융이나 세금을 손보는 정책입니다. 물론 공급을 손놓고 있지는 않습니다.

그렇다면 이렇게 당장 효과를 낼 수 없는 공급 문제를 얘기하는 이유가 무엇일까요? 특히 선거철이 되면 여야를 가리지 않고 왜 공급 확대를 장담하는 걸까요? 집값 상승의 원인이 공급 부족이다, 라고 생각하는 사람이 많기 때문에 선거 때마다 공급을 말하는 것입니다.

숫자로만 보면 대한민국의 주택 보급률은 100%를 넘어선 지 오래입니다. 2023년 기준 전국 102.5%입니다. 빈집의 양이 점점 늘어날 정도입니다. 그러나 100%를 넘는 주택 보급률이 주택의 질까지 담보하고 있진 않습니다. 집이 몇 채인가도 중요하지만, 살 만한 집이 몇 채인가가 더 중요한 세상입니다. 그렇기에 싸면서도 질 좋은 주택이 더 많이 공급되어야 합니다.

서울의 좋은 지역에 주택을 공급하는 재건축과 재개발도 계속 전개되어야 합니다. 그런 점에서 문재인 정부가 3기 신도시나 도심 지역 공급 확대 정책을 더욱 빠른 시기에 결정하고 집행했다면 더 좋지 않았을까 합니다.

생각해 봅시다. 공급이 늘어나면 집값은 하락하는 걸까요? 우리는 주택이라는 상품이 거래되는 부동산 시장이 여타의 상품이 거래되는 시장과 같으면서도 다른 특성을 가지고 있다는 사실을 간과하곤 합니다. 일반적인 상품은 공급이 늘면 가격이 하락하지만, 주택은 단순히 공급이 늘었다고 자동으로 집값이 하락하진 않습니다. 부동산 시장에서는 수요의 성격이 매우 복잡합니다. 단순히 집을 필요로 하는 사람들만 있는 것이 아니라, 투자와 투기를 목적으로 한 수요도 존재합니다. 이러한 투자 수요는 가격을 올리는 데 중요한 역할을 합니다.

예를 들어, 서울이나 수도권의 인기 지역에서 신규 아파트가 대량으로 공급된다고 해도, 그 지역에 대한 선호가 매우 높으면 가격이 하락하지 않을 가능성이 큽니다. 특히 교통, 학군, 직주 근접 등의 이유로 특정 지역에 대한 수요가 계속 유지된다면, 공급이 증가하더라도 가격은 쉽게 하락하지 않을 것입니다. 게다가 인기 지역에서는 공급량이 많더라도 수요가 공급을 초과하는 경우가 많아, 집값이 하락하기는커녕 오히려 상승할 가능성이 존재합니다.

또한, 공급이 많아질수록 시장에서는 역설적인 현상이 발생할 수 있습니다. 투자자들은 '공급이 많아지면 가격이 오를 수 있다'는 기대를 갖고 더 많은 투자를 하게 되며, 이는 집값을 더 올리게 되는 결과를 낳습니다. 이런 현상은 대규모 재건축이 이루어지는 지역에서 자주 관찰됩니다. 신규 아파트가 공급되기 전에는 집값이 안정세를 보이지만, 분양이 시작되거나 건설이 완료되면 주변 지역의 부동산 가격까지 함께 상승하는 경우가 많습니다. 이는 공급 증가가 반드시 가격 하락으로 이어지지 않음을 보여주는 사례입니다.

그렇기에 정부의 역할이 중요합니다. 특히 대한민국 부동산 시장에서는 실수요와 투자 수요, 투기 수요가 얽혀있기에 단순히 공급을 늘리는 것만으로는 시장의 균형을 맞추기 어렵습니다. 예를 들어, 정부는 공급을 늘리기 위해 신도시 개발을 하거나 재건축 규제를 완화할 수 있지만, 동시에 금융정책을 통해 지나친 대출을 억제하거나 세제 정책을 활용해 다주택자의 추가 구매를 제한할 필요가 있습니다. 이른바 수요를 억제하는 정책입니다.

부동산 시장에서 자주 간과되는 또 다른 중요한 요소는 '심리적 요인'입니다. 공급이 부족할 것이라는 우려가 커지면, 시장에서는 불안 심리가 형성됩니다. 사람들은 '지금 사지 않으면 더 이상 기회가 없을 것'이라는 불안감에 빠져 매수에 나서고, 이는 다시 수요를 자극해 가격을 상승시키는 악순환을 초래합니다.

반대로, 공급이 충분하거나 시장이 안정되었다는 인식이 확산되면, 수요가 급격히 줄어들고 가격이 안정될 가능성이 큽니다. 부동산은 그 자체로 경제적 가치뿐만 아니라 심리적 요인이 매우 크게 작용하는 시장이기 때문에, 단순히 공급만으로는 심리를 제어하기 어렵습니다.

특히 대한민국 부동산 시장에서는 과거에 집값 급등의 경험이 여러 번 반복되었기에, 가격 상승에 대한 기대 심리가 매우 강한 편입니다. 사람들이 '지금이 아니면 기회를 놓친다'고 생각하게 되면 수요는 꾸준히 유지되거나 증가되고, 이는 가격 상승을 지속시킵니다. 심리적 요인이 작용하는 시장에서는 가격이 오르는 것을 막기 위한 더욱 복합적인 정책이 필요합니다. 공급 확대가 수요를 잠재우기 어려운 이유가 바로 심리적 요인 때문입니다.

결국 주택 가격 상승에 대한 문제를 단순히 공급 부족으로만 설명하는 것은 맞지 않습니다. 따라서 공급을 늘리는 것만으로는 집값을 잡을 수 없습니다.

지금까지 계속 말한 '공급'이라는 것은 새로 아파트를 짓는 것만을 말하는 걸까요? 최근 '얼어 죽어도 신축 아파트'라는 뜻의 '얼죽신'이라는 말이 유행하고 있는데, 정말 신축만 공급하면 문제가 해결될까요? 주택을 2채 보유하고 있는 사람이 1채를 팔려고 내놓으면 이것도 공급 아닐까요? 1가구 1주택자인 사람이 이사를 가기 위해 집을 내놓으면 이것 또한 1채가 공급되는 게 아닐까요? 공급이라는 것에 대해 좀 더 넓게 생각해야 합니다. 새 아파트를 짓는 것도 공급이지만 기존 주택이 시장에 나오는 것도 공급입니다. 공급은 이렇게 두 가지 측면에서 잘 이루어지는 게 중요합니다.

소비자의 시선

공급이 늘어난다고 무조건 가격이 하락하는 것은 아니며, 공급과 수요의 질적 균형이 중요합니다. 정부의 공급 정책이 실제 수요와 조화를 이루고 있는지, 그리고 단순한 양적 공급 외에도 시장의 심리를 안정시킬 수 있는 정책이 시행되는지 주의 깊게 살펴보는 것이 필요합니다. 아울러 신축 공급만이 아닌 구축 매도 물량의 추이도 살펴봐야 합니다. 매도 물량이야말로 시장에 시시각각 변화를 주는, 커다란 파이를 점유하고 있는 공급입니다.

03

전세가가 아파트값을
밀어 올린다?

전세가가 오르면 아파트값도 오른다!
오랫동안 이어온 통념이지만, 자세히 살펴보면 복잡한 사정이 숨어있다.

전세가격과 매매가격의 관계는 대한민국 부동산 시장에서 늘 뜨거운 논의의 대상이었습니다. 흔히 전세가 오르면 매매가도 올라간다고 알려져 있지만, 자세히 살펴보면 사정이 좀 복잡합니다. 전세가와 매매가의 연관성을 이해하려면 전세가와 임대료의 움직임에 따라 변하는 부동산 가치를 지배하는 기본 메커니즘부터 조사해야 합니다.

부동산의 가치는 어떻게 상승하는가

부동산 가치는 다른 자산이나 상품처럼 유용성과 사용에 관련된 수수료에 따라 변동될 수 있습니다. 부동산의 경우, 사용료는 전월세의 형태로 나타나며, 이는 특정 시점에 해당 부동산의 가치가 얼마인지를 나타내는 지표가 됩니다. 이는 기업의 가치가 제품을 생산하고 판매하여 창출되는 이익으로 측정되는 것과 유사합니다. 회사의 이익이 증가하면 기업의 가치도 올라갑니다. 마찬가지로 부동산의 전세, 즉 임대소득이 증가하면 부동산의 전체 가치도 상승됩니다.

전세가가 오르면 매매가가 오른다는 통념은 단순히 전세가와 매매가의 격차가 줄어든다는 의미는 아닙니다. 오히려 전세가 상승은 부동산의 사용료(임대료) 인상을 반영해 부동산의 내재 가치가 상승한다는 의미입니다. 즉, 높은 전세가와 임대료는 자산의 수익성이 증가한다는 신호이며 그에 따라 시장 가치도 상승합니다.

부동산 소유자는 매달 안정적인 수입을 얻기 위해 전세를 월세로 전환할 수 있습니다. 이렇게 하면 매달 들어오는 현금이 늘어나는데, 이는 회사 이익이 늘어나면 기업 가치가 상승하는 것과 같은 원리입니다. 마찬가지로 전세가가 높으면 투자자나 주택을 구입하려는 이들에게 부동산이 수익성 높은 투자처로 비치게 됩니다.

과거에는, 특히 수도권을 중심으로 전세가 상승이 곧바로 매매가 상승으로 이어지지 않은 기간이 있었습니다. 보통은 전세가가 오르고 2

년 정도가 지나면 매매가도 오르는데, 최근엔 매매가가 먼저 오르고 뒤이어 전세가가 오르는 현상마저 나타났습니다. 그 정도로 시장의 사용가치와는 동떨어지게 매매가가 상승했다는 것을 알 수 있는데요. 실제로 사람이 살면서 느끼는 편리함이나 효용에 비해 집값이 많이 올랐다는 뜻입니다. 매매가가 먼저 오르고 전세가가 나중에 따라오게 된 것은, 집값이 거주를 위한 본래의 가치보다 투기적 요인으로 인해 더 크게 부풀려졌다는 것을 보여줍니다.

전세가가 오르고 2년 정도 지난 후에 매매가가 올랐던 이유는 2년의 전세 기간 때문이었습니다. 예를 들어, 2008년 글로벌 금융위기 당시 전세가가 급등했고 수도권 주택 시장의 매매가는 점진적으로 상승했습니다.

금융위기에서 전세율(아파트값에서 전세로 충당되는 비율)이 60%를 넘었는데, 이는 일반적으로 이에 상응하는 매매가 상승을 촉발하는 기준점이 됩니다. 전세가가 매매가 대비 일정 수준에 도달하면 투자자와 주택 구입자는 임대보다는 구매를 원하게 되고, 결과적으로 그들이 시장에 진입하여 판매 가격이 상승하게 됩니다.

전세가와 매매가의 역동적인 상호작용

전세가와 매매가의 관계에서 항상 전세가가 선행적이거나 즉각적인 것은 아니라는 점을 유의해야 합니다. 고금리나 시장 불확실성 등 외부 여건이 시장을 짓누르는 상황에서는 매매가가 정체되거나 심지어 하락하는 동안 전세가가 상승한 경우도 있습니다.

결국 전세가와 매매가의 관계는 부동산의 가치를 반영합니다. 부동산의 가치는 판매나 임대 등 소득 창출 능력에 따라 결정되며, 이는 다양한 요인의 영향을 받습니다. 전세가 상승은 부동산 가치의 증가를 의미하며, 시간이 흐를수록 판매 가격이 높아질 수 있습니다. 그러나 항상 그렇다고 할 순 없습니다.

매매가가 이미 전례 없는 수준으로 상승한 오늘날의 부동산 시장에서 역학이 변화했다는 점을 인식해야 합니다. 과거에는 전세가가 오르면 매매가가 높아졌을지 모르지만, 현재 시장은 새로운 상황에 직면해 있습니다. 우선, 많은 지역에서 전세가와 매매가의 격차가 너무 커져서 전세가가 많이 올라도 그 격차를 메우기가 충분하지 않을 수 있습니다. 또한, 높은 금리와 경제적 불확실성의 증가로 인해 전세가가 계속 상승함에도 불구하고 잠재 구매자는 시장 진입을 더욱 주저하기 때문입니다.

결국 전세가의 상승이 매매가를 반드시 끌어올린다고 보기에는 무리가 있습니다. 전세가 상승은 부동산의 내재 가치를 반영하는 요소 중 하나일 뿐이고 금리와 경제 상황, 시장 수요 등 다양한 요인이 매매가에 영향을 미칩니다. 전세가 상승이 시장의 전반적 상승세로 이어지는 시기도 있었지만, 오늘날의 불확실한 경제 환경에서는 전세가의 상승이 꼭 매매가 상승으로 연결되지 않을 수도 있다는 점을 인식해야 합니다.

소비자의 시선

전세가와 매매가의 변화가 꼭 일치하지 않는다는 것을 기억하세요. 전세가 상승이 매매가 상승으로 연결될 수도 있지만, 경제 여건이나 금리 변동이 중요한 변수로 작용하기 때문에 상황에 따라 전세가가 오르더라도 매매가가 정체될 수 있습니다. 따라서 부동산 시장에 관심이 있는 소비자라면 단순히 전세가 상승에만 의존하지 말고, 현재의 경제 상황과 금리 변동, 지역별 수요 등을 폭넓게 분석하는 것이 필요합니다.

04

규제가 풀리면
아파트값은 오르나?

시장의 운명은 규제 하나로 결정되지 않는다.
경제 상황, 수요와 공급, 정부 정책 등 모든 변수가 움직인다.
규제 완화의 효과는 그 너머 시장의 논리와 얽혀있다.

　부동산 시장은 경제 상황, 수요와 공급, 정부 정책 등 다양한 요인에 의해 움직입니다. 그중에서도 정부의 부동산 규제는 시장에 직접적인 영향을 미치는 가장 중요한 요소로 꼽힙니다.

　그러나 규제를 완화하거나 강화하는 것이 아파트값에 절대적인 영향을 미치지는 않습니다. 과거 사례를 보면, 규제 완화시기에 집값이 하락하고 규제 강화시기에 집값이 상승한 경우도 있었습니다. 규제가 풀리면 과연 아파트값은 오를까요?

　대한민국의 부동산 시장에 대한 규제 정책은 정권의 성격에 따라 달라져 왔습니다. 일반적으로 보수 정권에서는 부동산 규제를 완화하고,

진보 정권에서는 규제를 강화하는 정책을 펼칩니다. 그래서 진보 정권이 들어서면 부동산 가격은 이른바 '불장'이 된다는 인식들이 생겨났습니다. 물론 이러한 규제 변화가 집값 상승이나 하락에 일관된 영향을 미치지는 않았습니다.

예를 들어, 이전의 보수 정권에서 규제를 완화했음에도 불구하고 집값이 하락한 사례가 있습니다. 반면에 진보 정권에서는 규제를 강화했음에도 집값이 상승한 경우가 있습니다.

구체적으로 이명박 정부(2008~2013년) 때는 부동산 규제를 완화했지만, 글로벌 금융위기와 경기 침체의 여파로 집값이 하락했습니다. 또한 문재인 정부(2017~2022년) 때는 부동산 투기를 억제하기 위한 강력한 규제 정책을 폈지만 집값은 고공행진했습니다. 이는 부동산 시장이 단순히 규제 여부에 따라 움직이는 것이 아니라 시장의 수요와 공급, 경제 상황 등 복합적인 요인에 의해 영향을 받는다는 것을 의미합니다.

규제는 시장 반응에 따른 후속 조치

보통 정부의 부동산 규제는 선제적이 아니라 후속적으로 이루어지는 경우가 많습니다. 집값이 급등하면 이를 억제하기 위해 규제를 강화하고, 반대로 시장이 침체되면 활성화를 위해 규제를 완화합니다. 따라서 규제 자체가 시장을 리드하는 요인이 아니라 시장 상황에 대응하는 수단으로 활용됩니다.

예를 들어, 집값이 급등하는 상황에서 정부가 규제를 강화하면 일시적으로 상승세를 억제할 수 있지만, 근본적인 수요와 공급의 불균형이 해소되지 않으면 효과는 제한적입니다. 반대로 규제를 완화한다고 해도 수요가 부족하거나 경제 상황이 부진하면 집값이 상승하지 않을 수 있습니다.

부동산 시장에서 "시장에 맡기자."는 말은 집값이 폭등할 때 가장 많이 들립니다. 사람들은 종종 부동산 가격이 통제되지 않는 이유를 정부의 규제가 시장을 방해하기 때문이라고 단순하게 생각합니다. 이러한 주장은 정치적 프레임에 불과합니다. 세계 어느 나라에서도 부동산을 포함한 많은 영역들을 시장 논리에만 맡기지는 않습니다.

도시 계획 자체가 근본적으로 정부의 시장 개입입니다. 선진국일수록 도시 계획은 더 강력합니다. 어떤 나라들은 대한민국의 재건축 초과이익 환수제보다 훨씬 더 엄격하게 도시 계획을 규제합니다. 일부 국가는 세금이 더 높고, 금융 대출은 상환 능력에 대해 더 엄격합니다.

분양가 상한제나 청약 제도가 없는 '자유 시장경제' 국가에서도 집값이 올랐을까요? 전혀 그렇지 않습니다. 다른 국가들의 상황은 그렇지 않았습니다. 그러나 시장에 맡긴다고 생각하는 국가에서는 집값이 오르든 내리든 정부에 문제가 되는 경우는 드뭅니다. 정말로 시장의 일입니다.

'시장에 맡기자'는 말이 정부가 집값을 통제하지 못한다고 끊임없이 비판하는 나라에서 가능할까요? 결국 '시장이 원하는 만큼 돈을 벌게 하면 문제가 저절로 해결된다'는 주장처럼 들리는 나라에서 말입니다. 이러한 이유로 시장 만능주의는 결코 만능 해법이 될 수 없습니다.

부동산 시장에서 지켜야 할 규범과 원칙

부동산 시장에서는 지켜야 할 규범과 원칙이 있습니다. 부동산 시장이 중요하다고 해서 다른 사람의 권리를 침해하거나 공동체의 가치를 훼손해도 된다는 뜻은 아닙니다. 이것이 바로 자본주의가 더 발달한 선진국들이 독점을 방지하고 주택 복지 정책에 힘쓰는 이유입니다.

도시 계획은 건강한 부동산 시장을 위한 규칙과 규범입니다. 좋은 도시를 만들기 위한 규제는 오히려 환영받아야 합니다. 이는 도시 주민의 생활수준을 높이고 궁극적으로 부동산의 가치를 상승시키기 때문입니다. 그런 의미에서 토지 이용 변경이나 용적률 상향과 같은 도시 계획 정책의 변화는 단순히 사유 재산의 증가로만 볼 수 없습니다. 개발 과정에서 공원을 설치하고 도로를 확장하는 것은 공동체의 이익을 위한 필수 요소입니다. 마찬가지로 개발 이익을 공유하는 것도 자연스러운 일입니다.

재개발과 재건축을 대가로 임차인을 위한 공공 임대주택을 요구하거나 개발 부담금(초과 이익 환수)을 부과하는 것은 국가가 일방적으로 이익을 취하는 것이 아닙니다. 이는 개발로 인한 이익을 해당 지역 사회와 공유해야 한다는 헌법적 정신에 기반한 것입니다.

세금은 국가나 지방 정부 운영에 필요한 재원을 확보하면서 소득 재분배를 이루는 수단입니다. 그러나 세금은 많거나 적으면 안 되고, 공정성과 균형이 유지될 때 지속 가능하며, 경제 발전에도 기여합니다. 그런 의미에서 자산 가격에 상응하는 보유세나 실현된 이익에 대한 양도소득세는 당연히 부과되어야 합니다. 집을 임대하여 얻은 수익에 대한 임대소득세도 필수적입니다.

하지만 대한민국에서는 부동산 세제를 사회경제적 균형과 형평성이라는 측면보다는 집값을 잡기 위한 통제 수단으로 효과가 있는지 여부에 집중합니다. 그래서 혼란스럽습니다. '세금 폭탄'이나 '부자 감세' 논란 속에서 세제가 가져야 할 규범과 원칙마저 훼손됩니다.

상환 능력에 맞춘 부동산 대출은 모든 나라에서의 규범입니다. 2008년 금융 위기를 촉발한 서브프라임 모기지 사태는 바로 이러한 규범이 지켜지지 않았기 때문에 발생했습니다. 따라서 은행에 대한 건전한 감독을 불필요한 시장 규제로 보지 않습니다.

그러나 대한민국에서는 전세 제도가 만들어낸 착각으로 부동산 대출과 금융을 너무 쉽게 생각하는 경향이 있습니다. "청년들이 집을 살 수 있도록 대출을 늘리자."거나 "15억 원 이상 대출 제한은 위헌이다."라는 주장 이전에 부동산 대출에 대한 좀 더 명확한 기준을 확립해야 합니다.

규제가 풀리면 아파트값이 오른다는 기대는 부동산 시장의 복잡성을 간과한 단순한 접근일 수 있습니다. 시장은 다양한 요인의 영향을 받으며, 규제는 그중 하나일 뿐입니다. 또한 규제 완화가 모든 지역과 계층에 동일한 영향을 미치지 않습니다.

정부의 규제는 시장의 질서를 유지하고, 부동산 시장의 투명성과 공정성을 확보하기 위한 수단입니다. 따라서 규제를 완화한다고 해서 집값이 반드시 오르는 것은 아닙니다. 오히려 규제가 없을 경우 시장의 혼란과 부작용이 발생할 수 있습니다.

소비자의 시선

부동산 규제는 아파트값에 영향을 미치는 여러 요인 중 하나일 뿐입니다. 단순히 규제 완화에 따라 가격이 오를 것이라는 기대보다는, 경제 상황과 금리 흐름 등 더 넓은 맥락을 분석해야 합니다. 규제 변화를 무조건적인 가격 상승 신호로 받아들이기보다는 개인의 재정 상황에 맞는 안정적인 선택을 우선시하세요. 무리한 대출이나 지나친 기대에 의존하기보다 리스크를 적절히 관리하는 것이 장기적으로 안전한 부동산 전략이 될 것입니다.

05

금리가 떨어지면
부동산은 무조건 오른다?

금리가 낮아져도 집값은 고요할 수 있다.
집값은 금리보다 경기 심리의 영향을 더 크게 받기 때문이다.

 부동산 시장에서 등장하는 논리 중 하나가 '금리가 떨어지면 집값은 오른다'입니다. 금리를 부동산 가격의 결정적 변수로 보는 이들이 많습니다. 하지만 이 관점이 과연 타당한지 다시 한번 살펴볼 필요가 있습니다. 단순히 금리 하락만으로 부동산 가격이 상승할 것이라는 기대는 과장된 믿음일 수 있습니다.

 2020년부터 2022년까지 초저금리 기조는 부동산 시장을 전례 없이 뜨겁게 만들었습니다. 코로나19 팬데믹 상황에서 금리가 급격히 내려가면서 아파트를 포함한 부동산 가격이 급상승했습니다. 당시 '영끌(영혼까지 끌어 모아)'이라는 신조어가 유행할 정도로 많은 사람들이 무리하게 대출을 받아 아파트를 구매했습니다. 특히 한국은행이 기준금리를 0.5%p로 낮추며 시중 금리는 사실상 제로에 가까워졌고, 이로 인해 대출을 통한 부동산 투자 열기가 최고조에 달했습니다. 그 시기에 부동산 가격이 급등한 가장 큰 이유는 바로 풍부한 유동성 덕분이었습니다.

하지만 2022년부터 상황이 급변하기 시작했습니다. 미국 연방준비제도(Fed)가 인플레이션을 억제하기 위해 급격한 금리 인상을 단행하면서, 한국은행 역시 자본 유출을 막기 위해 금리 인상을 단행할 수밖에 없었습니다. 이에 따라 주택담보대출 금리가 급등했고, 부동산 시장은 빠르게 냉각되었습니다. 2022년 5월, 전국 아파트 매매가격지수는 하락세로 전환되었고, 11월 첫 주에는 하락폭이 0.39%에 달했습니다.

이는 최근 10년 동안 가장 큰 하락폭이었으며, 금리 상승이 부동산 가격에 직접적인 영향을 미친 대표적인 사례로 남게 되었습니다(필자는 2021년 9월에 '표영호TV'에서 2022년에는 금리 상승을 전제로 부동산이 폭락할 것이라 전망했고 시장은 실제로 그렇게 됐습니다).

금리로 시장을 예측하기 어려운 이유

부동산 시장에서 전월세 가격의 변화가 매매가의 변동성을 유발하는 경우가 많습니다. 즉, 수익의 변화가 매매가를 좌우하는 경우가 많습니다. 그러나 금리가 매매가 변동을 주도하는 시점은 비용, 즉 금리가 수익보다 더 빠르게 움직이는 때입니다. 대표적인 예가 바로 코로나 19 시기에 금리가 급격히 낮아졌을 때와 2022년 인플레이션을 억제하기 위해 금리가 급상승한 때입니다. 이때는 금리 변동이 부동산 가격에 큰 영향을 미쳤습니다.

특히 저금리 상황에서는 금리의 변화가 시장에 큰 영향을 미칩니다. 예를 들어 금리가 1%에서 2%로 오르면 상승폭은 1%p지만, 비율로는 100%나 상승한 셈입니다. 반면 금리가 3%에서 4%로 오르면 1%p 상승이지만 비율로는 33.3%만 오른 것입니다.

이처럼 저금리 상황에서는 작은 금리 변화도 큰 영향을 줄 수 있습니다. 반대로 고금리 상황에서 금리가 하락할 경우, 예를 들어 5%에서 4%로 내려가면 이는 20% 하락한 것이고, 1%에서 0.5%로 내려가면 50%가 하락한 셈입니다. 이렇게 짧은 시간 동안 금리가 급격히 변동하면, 부동산 매매가 역시 크게 요동칠 수밖에 없습니다.

금리의 변동성을 예측하고, 그에 맞춰 시장을 전망하는 것은 결코 쉽지 않습니다. 또한 금리와 수익률 간의 관계만을 고려해 시장을 판단하기보다는, 임대료와 같은 요소도 함께 고려하는 것이 중요합니다. 전세가의 변화는 매매가에 직접적인 영향을 미치기 때문에, 금리의 변동성과 함께 임대료의 변화를 주목해야 합니다.

이는 매우 간단한 논리입니다. 금리를 내리면 시중에 돈이 돌고, 금리를 올리면 시중의 돈은 은행으로 빨려들어 갑니다. 시중에 돈이 돈다는 것은 돈의 가치가 하락하고 재화의 가격이 상승한다는 것을 의미합니다. 그렇게 되면 인플레이션이 발생하게 되고, 인플레이션을 잡기 위해 다시 금리를 올리는 일이 반복됩니다.

금리보다 중요한 '경기 심리'

많은 사람들이 금리가 부동산 가격의 핵심 변수라고 믿고 있지만, 장기적으로 볼 때 이는 완전히 옳은 가설이 아닙니다. 금리가 중요한 변수인 것은 분명하지만, 부동산 가격은 경기 심리와 경제 상황에 더 큰 영향을 받습니다. 예를 들어 2000년대 초반에도 금리가 4~5%였지만, 아파트값은 꾸준히 상승했습니다. 이는 경제 전반의 성장과 주택 수요가 부동산 가격에 더 큰 영향을 미쳤다는 점을 보여줍니다.

2020년부터 2022년까지의 전국 아파트값 급등은 금리 인하의 영향이 컸지만, 동시에 '집값은 계속 오를 것'이라는 기대 심리도 큰 요인으로 작용했습니다. 당시 사람들은 '지금 집을 사지 않으면 더 비싸게 살 수밖에 없다'는 심리적 압박에 의해 부동산 구매를 서둘렀고, 이로 인해 부동산 가격이 더 치솟게 되었습니다. 이를 '패닉 바잉'이라고 부를 수 있으며, 금리 하락보다는 이러한 심리적 요인이 부동산 시장에 더 큰 영향을 미쳤던 것입니다.

반대로, 경기 심리가 나쁘면 금리가 낮아도 집값이 오르지 않기도 합니다. 대표적인 예로 2008년 글로벌 금융위기 당시를 들 수 있습니다. 당시 한국은행은 기준금리를 5.25%에서 2.0%로 여섯 차례에 걸쳐 인하했지만, 아파트값은 오르지 않았습니다. 이는 금융위기로 인한 경기 침체가 금리 인하의 효과를 상쇄했기 때문입니다(필자는 2025년에도 그렇게 될 것이라는 예측하고 있습니다). 또 다른 사례로, 2012년 부동산 경기 침체기에도 한국은행은 기준금리를 인하했지만, 서울 아파트값은 하락세를 면치 못했습니다. 이는 경기 심리의 중요성을 보여주는 사례입니다.

금리가 낮아진다고 집값이 반드시 오르지 않는다

부동산 시장에서는 금리 인하가 집값 상승을 이끌 것이라는 논리가 자주 등장하지만, 이는 절반의 진실일 뿐입니다. 금리가 하락한다고 해서 무조건 집값이 오르는 것은 아닙니다. 부동산 가격은 경제 전반의 상황과 경기 심리에 더 크게 좌우됩니다. 특히 경제가 침체되거나 경기 심리가 좋지 않을 때는 금리가 아무리 낮아져도 집값이 오르기 어렵습니다. 경제가 회복되지 않으면 부동산 시장이 살아날 여지가 없다는 점을 기억해야 합니다.

따라서 금리 인하가 부동산 가격을 무조건적으로 끌어올릴 것이라는 기대는 과장된 믿음일 수 있습니다. 경기 침체와 심리적 요인이 함께 작용할 때는 금리가 낮아져도 부동산 수요가 늘어나지 않기 때문입니다. 금리가 중요한 요소이긴 하지만, 경기 심리가 부동산 시장에서 더 큰 변수가 될 수 있습니다. 또한, 공급자들은 금리가 내려가면 집값이 반드시 오를 것이라고 말하지만 실제로는 그렇게 단순하지 않습니다.

결론적으로, 금리 인하는 부동산 시장에 중요한 영향을 미치지만, 그 자체로 집값 상승을 보장하지는 않습니다. 부동산 가격은 금리 외에도 다양한 요인에 의해 결정되며, 경기 심리와 경제 상황이 더 큰 영향을 미치는 경우가 많습니다. 따라서 부동산 투자자들은 금리뿐만 아니라 전체 경제 상황과 시장 심리를 함께 고려해야 현명한 결정을 할 수 있습니다.

소비자의 시선

부동산 시장을 이해할 때는 금리만이 아니라 경제 상황과 경기 심리 같은 종합적인 요인을 함께 고려하는 것이 중요합니다. 금리 인하만으로 집값 상승을 기대하기보다는, 장기적인 경제 흐름과 자신의 재정 상태를 균형 있게 평가해야 합니다. 단기적 금리 변화에 휩쓸리기보다는, 실질적인 재정 안정성을 바탕으로 한 투자와 자산 관리를 통해 더 안전한 재정 계획을 세우는 것이 필요합니다.

06

시장은 항상 상승 요인과
하락 요인을 가지고 있다

오를까? 내릴까? 부동산은 상승과 하락의 게임이다.
단순한 예상에 머물지 않는다. 상승과 하락은 함께 작용하며,
균형을 아는 자만이 성공을 거머쥔다.

　부동산 시장은 수많은 요인에 영향을 받아 가격이 오르내리는 역동적인 환경입니다. 특정 시점에는 상승 요인과 하락 요인이 공존하며, 이들 요인이 복잡하게 얽혀 시장의 방향을 결정짓습니다. 특히 건설사나 부동산 개발업체 등 공급자는 자사의 물건을 팔기 위해 상승 요인만을 강조합니다. 하지만 시장에 투자하는 사람들은 이 양면성을 충분히 이해하고 균형 잡힌 시각을 유지해야 장기적으로 성공할 수 있습니다.

　부동산 시장에서 상승 요인으로는 경제 성장, 인구 증가, 저금리, 정부의 부양책 등을 꼽을 수 있습니다. 이러한 요인들은 부동산 수요 증가와 가격 상승에 중요한 역할을 합니다. 예를 들어, 새로운 인프라 프

로젝트, 특히 GTX 노선과 같은 대규모 교통망이 개통되면 해당 지역의 가치가 상승할 가능성이 큽니다.

반면 하락 요인으로는 경기 침체, 금리 인상, 인구 감소, 그리고 공급 과잉, 지정학적 요소 등이 있습니다. 이러한 요인들은 부동산 수요를 줄이고 부동산 가격을 하락시킵니다. 또한 대출 규제가 강화되거나 차입 비용이 증가하면, 긍정적인 발전이 일어나더라도 거래량이 줄고 가격 상승이 제한될 수 있습니다. 이렇게 상승 요인과 하락 요인은 독립적으로 작동하지 않으며, 복잡하게 상호작용하여 시장의 변동성을 증대시키고 예측을 어렵게 만듭니다. 따라서 단일 요인에만 의존해 시장을 예측하는 것은 위험할 수 있습니다. 예를 들어, GTX 노선 개통은 해당 지역의 매력을 높일 수 있지만, 금리가 인상된다면 전체 수요가 위축되어 가격 상승이 제한될 수 있습니다.

공급자들이 상승 요인만 강조하는 이유

문제는 공급자들이 상승 요인만을 부각한다는 것입니다. 그 이유는 명확합니다. 공급을 하는 입장에서는 긍정적인 시장 전망을 제시함으로써 소비자가 자신들의 물건을 사도록 유도하고, 이를 통해 수익을 극대화하려 합니다. 매사에 긍정적인 전망을 내세워 부동산 구매를 촉진하면 직접적인 매출 상승으로 이어집니다. 또 다른 이유는 소비자들이 선택할 때 가질 수 있는 불안감을 줄이기 위함입니다. 시장의 리스크를 뒤로하고 장점만을 강조하면, 잠재 구매자들은 의사 결정을 더 쉽게 내릴 수 있기 때문입니다.

또한, 미디어와 대중 인식에 미치는 영향도 큽니다. 공급업체는 낙관적인 메시지를 통해 미디어의 논조나 흐름을 장악하고, 이로 인해 사람들이 지속적인 시장 성장을 당연하게 받아들이게 만듭니다. 그러나 상승 요인만을 강조하는 공급자의 메시지는 균형 잡힌 정보를 제공하지 않기 때문에 투자자는 심각한 리스크를 얻을 수 있습니다.

2024년 10월, 금리가 내려가자마자 신문에는 연일 오피스텔의 수익률이 좋아졌다는 기사가 나왔습니다. 하지만 이 뉴스는 거짓입니다. 그 이유는 기준금리는 내렸지만 오히려 대출 금리는 올랐기 때문에 수익률이 좋아질 수 없으니, 실제와는 전혀 다른 사실인 것이지요.

기자는 왜 이런 기사를 썼을까요? 바로 공급자가 내보내는 메시지이기 때문입니다. 오피스텔 분양을 준비하는 개발사들에 의해서 오피스텔의 수익률이 좋아졌다, 라고 알려야 분양이 잘 되기 때문입니다.

장점만 강조하는 함정

공급자들이 내세우는 부동산 상승의 요인은 크게 세 가지입니다.
첫째, '공급 부족'입니다. 수요가 공급을 초과하여 가격이 상승할 것이라는 가정에 기반해 이러한 메시지가 전달됩니다.

둘째, '임대료 상승'입니다. 임대료가 상승하면서 자가 소유의 가치가 더 높아지고 있다는 주장이 이어집니다.

셋째, '새로운 개발 부족'입니다. 신축 아파트의 공급이 제한적이라며, 이를 강조해 구매를 서두르도록 만드는 것이죠.

이 세 가지 요인은 시장에 어느 정도 영향을 미칠 수 있지만, 금리 인상이나 인구 감소, 공급 과잉과 같은 하락 요인을 무시하면 불완전한 그림만이 제시될 뿐입니다. 투자자들이 낙관적인 예측에만 의존하다면 예상치 못한 위험에 노출될 수 있습니다. 실제로 시장은 기대와 다르게 움직일 수 있으며, 이를 간과한 투자자는 상당한 재정적 손실을 볼 수 있습니다.

균형 잡힌 관점의 중요성

부동산 시장에서 성공적인 투자를 위해서는 균형 잡힌 시각이 필수적입니다. 공급자들의 메시지에만 의존하기보다는 상승 요인과 하락 요인을 모두 분석하는 것이 중요합니다. 경제 지표, 금리 변화, 정책 변화, 지역 개발 등 다양한 변수를 종합적으로 분석하는 것이 필요합니다. 이러한 포괄적인 접근을 통해 투자자는 보다 정확한 정보를 바탕으로 의사 결정을 내릴 수 있습니다.

또한 장기적인 투자 전략을 세우는 것이 중요합니다. 단기적인 시장 변동에 휘둘리지 않고, 장기적인 관점에서 투자를 바라보면 더욱 탄탄한 포트폴리오를 구축할 수 있습니다. 상승 요인과 하락 요인을 모두 인정하고 이를 기반으로 전략을 세우면, 시장 변동성에 대응할 수 있는 유연한 계획을 수립할 수 있습니다.

부동산 시장의 복잡성을 헤쳐 나가기 위해 투자자들은 독립적인 조사를 수행하고, 다양한 전문가의 의견을 듣는 것이 중요합니다. 경제 지표와 대출 정책을 주의 깊게 살펴보고, 공급과 수요의 균형을 평가해야 합니다. 또한 지역별 특성을 고려하여 부동산 가치에 영향을 미칠 수 있는 요인들을 면밀히 분석해야 합니다. 변동성이 높은 시장에서 성공적인 투자를 위해서는 이러한 분석과 더불어 유연한 투자 전략이 필요합니다.

소비자의 시선

부동산 시장에 참여할 때는 공급자들의 장밋빛 전망에만 의존하지 말고, 시장의 양면성을 이해해야 합니다. 단기적인 시장 흐름에 휩쓸리지 않고 경제적 지표, 정책 변화, 금리 등 다양한 요소를 종합적으로 고려하세요. 또한, 지역별 상황을 주의 깊게 분석하고 자신의 재정 상황에 맞는 실질적인 전략을 세워 리스크에 대비할 필요가 있습니다.

07

다주택자가 아닌 실수요자가 집을 사면 폭등한다?

단순히 실수요자가 이끈다는 믿음은 위험하다.
집값을 움직이는 더 큰 배경을 보라. 시장의 숨겨진 원인을 탐구하라.

부동산 시장에서 "실수요자들이 집을 사고 있으니 집값이 폭등할 것"이라는 말이 자주 들립니다. 이러한 주장에는 어떤 진실이 숨어 있을까요? 실수요자들의 매수가 집값에 미치는 영향은 어떻게 해석해야 하는지, 그리고 이 현상 뒤에 어떤 배경이 있는지에 대해 논의해 보겠습니다.

부동산 시장에서 실수요자들의 매수는 주로 주거 목적으로 집을 사는 사람들, 즉 무주택자나 1주택 소유자들이 수를 이룹니다. 이들은 주로 주거 안정성을 위해 주택을 구입하며, 일반적으로 장기적인 보유를 계획합니다. 최근 서울 아파트 시장에서는 실수요자들의 매수가 늘어나면서 가격이 상승하고 있다는 분석이 나옵니다. 2022년 말부터 하락하던 집값이 2024년 들어 오르기 시작했으며, 일부 지역에서는 주간 상승률이 0.3%를 넘어서며 연간 15% 이상의 상승 가능성을 보이기도 했습니다.

실수요자들이 매수에 나선 주요 이유 중 하나는 정부의 부동산 규제 완화와 관련이 깊습니다. 대출 규제 완화, 세제 혜택 등 다양한 정책이 실수요자들의 매수를 자극했으며, 여기에 '집값이 더 오를 수 있다'는 불안감이 더해져 많은 사람들이 서둘러 주택을 구입하려는 움직임을 보였습니다.

실수요자 매수만으로 집값 폭등이 가능한가?

실수요자들의 매수가 증가하면 주택 수요가 높아지고, 이에 따라 가격이 상승할 가능성이 있습니다. 그러나 실제로 집값의 상승세를 주도하는 것은 단순한 실수요자들의 매수만이 아닙니다. 시장의 여러 요인들이 복합적으로 작용하는 것입니다. 예를 들어, 주택 공급이 제한된 상황에서 수요가 집중되면 가격 상승 압력이 커질 수 있지만, 이는 정책적 변화, 금리, 인구 구조와 같은 다양한 변수와 함께 분석해야 합니다.

또한, 다주택자들과 투기 세력의 행동도 집값에 큰 영향을 미칩니다. 최근 5년간 주택 매수자 상위 1,000명이 사들인 주택 수가 4만 2,000채에 육박한다는 자료가 공개되었습니다. 이는 1인당 평균 42채를 매수한 것으로, 총 매수 금액은 6조 1,000억 원을 넘습니다. 1위 매수자는 793채를 사들였고, 매수액은 1,157억 9,000만 원에 이릅니다. 100채 이상 매수한 사람도 45명에 달하며, 상위 100명이 매수한 주택은 1만 3,859건, 매수액은 총 2조 334억 9,000만 원에 이릅니다.

이러한 사례에서 볼 수 있듯이, 시장에 거대한 자본이 유입되면서 특정 지역의 가격이 급등하는 경우가 빈번합니다. 이들은 자산 가격의 상승을 기대하며 대규모 매수를 감행하는데, 이러한 움직임은 주택 시장의 변동성을 높이고 실수요자들에게는 부담으로 작용할 수 있습니다.

정부는 최근 몇 년간 부동산 시장 안정을 위해 다양한 정책을 내놓았습니다. 그러나 이러한 정책들이 실제로 시장 안정에 기여했는지에 대해서는 논란이 많습니다. 예를 들어, 그린벨트 해제와 같은 공급 확대 방안은 장기적인 효과를 기대하기 어렵고, 오히려 '지금 집을 사지 않으면 기회를 놓친다'는 공포를 조성해 단기적으로 실수요자들의 매수를 촉진시키는 결과를 초래했습니다.

언론 또한 이러한 공포 마케팅에 일조하고 있습니다. 과거 '영끌' 현상과 같이 무리하게 대출을 받아 주택을 구입한 청년층이 금리 인상과 집값 하락으로 인해 어려움을 겪고 있는 사례들이 이를 방증합니다. 이런 배경에서 정부와 언론의 메시지가 실수요자들의 심리를 크게 자극하고 있는 것입니다.

최근 다주택자들이 매도에 나서면서 시장은 더욱 복잡한 양상을 띠고 있습니다. 이들이 한꺼번에 매물을 내놓으면 가격 하락 압력이 가중될 수 있지만, 동시에 실수요자들이 이러한 매물에 관심을 갖고 매수에 나서면 가격이 다시 상승할 가능성도 있습니다. 따라서 다주택자들의 매도는 장·단기적으로 시장 변동성을 키웁니다.

실수요자들은 단순히 주거 안정만을 목표로 하지 말고, 재정 상태와 시장 흐름을 면밀히 검토해야 합니다. 무리한 대출을 통한 주택 매수는 장기적인 부담을 초래할 수 있으며, 특히 시장이 과열되었을 때의 매수는 높은 리스크를 동반할 수 있습니다.

따라서 실수요자들은 장기적인 안목을 가지고 시장 상황에 따라 신중하게 접근해야 합니다. 급격한 집값 상승이 지속될 것이라는 막연한 기대보다는 가격 조정의 가능성을 염두에 두고 대응하는 것이 현명합니다.

소비자의 시선

실수요자로 집을 구매하려는 소비자는 단기적인 시장 흐름에 휩쓸리기보다는 장기적인 관점에서 접근해야 합니다. 먼저 자신의 재정 상황과 대출 상환 능력을 철저히 점검하고, '네이버 부동산'이나 '호갱노

노' 등에서 실제 거래 내역을 확인해 현재 시장의 실질적인 가격을 파악하기 바랍니다. 또한, 급격한 상승세에는 리스크가 따를 수 있으니 시장 과열 시기를 피해 안정적인 시점에 매수하는 것이 좋습니다. 정책 변화와 금리 동향을 주기적으로 살피며, 지나친 대출 의존을 피하는 전략을 세워야 합니다.

08

재건축은 공짜로
새집을 주는 게 아니다

모든 재건축이 황금 열쇠를 보장하지 않는다.
과거의 달콤함이 오늘의 성공을 약속하지 않듯,
재건축의 길에도 변수가 가득하다.

요즘 1기 신도시 재건축 이슈가 뜨겁습니다. 1기 신도시는 1990년대 초에 자리 잡은 분당, 일산, 평촌, 산본, 중동입니다. 정부는 1기 신도시 중에서 시범적으로 재건축을 시행할 이른바 선도 지구를 선정하겠다고 발표하면서 신도시 주민들을 술렁이게 했는데요. 분당은 특히 그 선두에 있으며 많은 주민들이 재건축에 대한 기대감으로 들떠 있습니다. 저는 몇 달 전에 분당에 가서 최대한 많은 주민들을 만나 인터뷰를 했습니다. 그분들이 한목소리로 말한 내용이 인상적이었습니다.

"내 돈은 아주 조금만 내고, 새 아파트 지어주면 살고 싶어요."

이렇게 말하는 사람들이 유난히 탐욕스럽거나 특별히 욕망에 가득 찬 건 아닙니다. 누구나 오래된 아파트에서 새 아파트로 갈아타고 싶은 마음을 갖고 있기 마련이니까요. 재건축은 그만큼 매력적인 기회로 여겨집니다. 하지만 그들의 소망이 이루어지려면, 즉 적은 비용으로 새 아파트를 제공받으려면 용적률을 상향 조정해야만 합니다. 용적률이 올라가면 조합원 외에도 일반 분양을 통한 수익을 기대할 수 있기 때문입니다. 하지만 분당 아파트만 용적률을 높여줄 수는 없을 것입니다. 1기 신도시에 전반적으로 동일한 혜택을 제공해야만 형평성에 맞겠죠.

2024년 9월 중순에 분당을 다시 찾았을 땐, 그야말로 난리도 아니었습니다. 2024년 9월 23일부터 27일까지 1기 신도시 5곳이 재건축 선도 지구 신청을 받기 시작했기 때문입니다. 주민들은 자신이 살고 있는 단지를 선도 지구로 만들기 위해 열심히 뛰어 다니고 있었습니다. 재건축을 원하는 조합은 해당 지방자치단체에 공모 신청서와 신청 동의서, 대상지 현황과 지방자치단체별 평가 기준에 따른 조합 자체 평가표를 서면으로 직접 제출해야 합니다. 지자체마다 표준 평가 기준을 두고 세부 평가 항목을 만든 뒤에 100점 만점으로 심사할 계획인데, 주민들이 바쁜 이유가 총 100점에서 가장 큰 비중을 차지하는 것이 바로 주민 동의율이기 때문입니다. 그러니까 동의를 얻기 위해서 밤낮 가리지 않고 열심히 뛰어 다니고 있었던 것입니다. 마침내 12월 27일, 선도 지구가 공개되었습니다. 총 13개 구역에 3만 6,000가구 규모인데요. 2027년 착공, 2030년 입주가 목표라고 합니다.

재건축이 되면, 과연 누가 받아줄까

이러한 재건축 열기를 보면서 한 가지 중요한 질문을 던져봅니다. 만약 1기 신도시 아파트의 용적률이 300%까지 상향되어 전체 세대 수가 30% 이상 증가한다면, 과연 이 많은 새 아파트를 누가 사게 될까요?

지방에서 인구가 유입되거나 1인 가구가 늘어난다고 가정하더라도, 과연 그 수요가 충분할까요? 이미 수도권의 인구는 포화 상태이고, 지방에서는 인구 감소가 가속화되고 있습니다. 이러한 상황에서 1기 신도시의 대규모 재건축이 진행되었을 때, 공급된 새 아파트들이 원활하게 매수될 수 있을지에 대한 의문이 남습니다.

특히 분양가 상한제 등의 규제가 존재하는 상황에서는 일반 분양으로 나올 아파트들이 충분히 수익을 창출할 수 있을지도 불확실합니다. 용적률 상향을 통해 세대 수가 늘어나더라도, 실제로 분양가를 설정하는 과정에서 다양한 변수들이 작용할 수 있습니다. 이는 조합원들에게 돌아가는 이익이 예상보다 적어질 수 있다는 의미입니다. 더군다나 건설비용은 날이 갈수록 상승하고 있으니, 이는 재건축에 참여하는 사람들에게 큰 부담이 될 수 있습니다.

재건축의 가장 큰 문제 중 하나는 바로 추가 분담금입니다. 추가 분담금이란 새 아파트를 짓는 데 필요한 비용 중 조합원들이 부담해야 하는 금액을 말합니다. 용적률을 상향하여 세대 수를 늘리면 그만큼 추가 분담금이 줄어들 수 있다는 기대가 있지만, 이는 재건축이 원활하게 진행되고 분양 수익이 높게 나올 때 가능한 이야기입니다. 실제로 많은 재건축 단지들이 예상보다 큰 추가 분담금을 요구받고 있습니다. 특히 건축비가 예상보다 많이 증가하거나 재건축 과정이 지연되면, 추가 분담금은 더욱 크게 불어날 수밖에 없습니다.

실제로 서울의 어느 단지에서는 재건축 추가 분담금이 집 시세를 훌쩍 뛰어넘은 사례도 있습니다. 이는 조합원들에게 큰 경제적 부담이 되며, 일부 조합원들은 추가 분담금을 감당하지 못해 재건축을 포기하거나 기존 아파트를 매도하기도 합니다. 과거에는 재건축을 통해 큰 이익을 본 경우도 많았지만, 지금은 상황이 다릅니다. 재건축 과정에서 발생하는 비용이 날이 갈수록 커지면서 조합원들이 부담해야 할 리스크도 커지고 있습니다.

과거와 달라진 재건축 현실

반포1단지와 같은 대규모 재건축 단지에서 조합원들이 막대한 수익을 올렸던 과거와는 상황이 크게 달라졌습니다. 당시 대지 지분이 넓은 조합원들은 25평 아파트 2채를 분양받았고, 이를 통해 수십억 원의 이익을 얻었습니다. 그러나 현재는 그때와 같은 상황을 기대하기 어려워 보입니다. 지금은 재건축에 필요한 비용이 급격히 증가한 데다, 정부의 규제와 시장 환경 변화로 인해 재건축의 리스크가 더욱 커졌기 때문입니다.

특히, 재건축을 위한 다양한 인허가 과정에서 발생하는 비용도 무시할 수 없습니다. 재건축이 진행되면서 예상치 못한 변수들이 발생하면, 건설비용뿐만 아니라 행정적 비용도 크게 증가합니다. 이는 조합원들이 처음에 예상했던 추가 분담금보다 훨씬 더 많은 금액을 부담해야 한다는 의미입니다. 실제로 서울의 몇몇 재건축 단지에서는 조합원들이 수억 원 이상의 추가 분담금을 부담하는 사례가 속출하고 있습니다.

부동산 시장은 변동성이 매우 큽니다. 상승기에는 재건축 아파트의 가치가 크게 상승하지만, 하락기에는 그만큼 큰 손실을 볼 수 있습니다. 재건축이 완료되면 새 아파트의 가치는 기존 아파트보다 높을 것이라는 기대감이 있지만, 이러한 기대는 시장 상황에 따라 달라집니다. 최근 몇 년간의 부동산 가격 급등은 재건축에 대한 기대감을 높였지만, 2023년 이후 부동산 시장의 조정기에 접어들면서 재건축 아파트의 가치는 서울 강남권을 제외하고 예상보다 빠르게 하락하고 있습니다.

재건축은 시간과의 싸움이기도 합니다. 법적 규제나 인허가 과정에서 발생하는 지연 문제는 재건축의 진행 속도를 늦추고, 그로 인해 조합원들이 부담해야 할 비용은 계속해서 늘어납니다. 이른바 재건축의 상징으로 불리는 대치동 은마아파트는 1999년부터 재건축 이야기가 나왔지만, 아직도 첫 삽을 뜨지 못한 상태입니다. 25년이 지나도록 사업이 지연되면서 조합원들의 불만은 커져만 가고 있습니다.

1기 신도시의 재건축 열기는 그 어느 때보다 뜨겁지만, 정부의 정책과 규제는 이를 둘러싼 불확실성을 더욱 높이고 있습니다. 정부는 1기 신도시의 재건축을 지원하겠다는 방침을 밝혔지만, 동시에 재건축을 둘러싼 각종 규제를 완화하지 않고 있습니다. 특히 분양가 상한제와 같은 규제는 재건축 사업의 수익성을 크게 저하시킬 수 있으며, 이는 조합원들이 기대했던 것만큼의 이익을 얻지 못할 가능성이 큽니다.

재건축, 모두가 행복할까?

현재 1기 신도시의 재건축 이슈는 분명 많은 이들에게 희망과 기대를 안겨줍니다. 오래된 아파트를 새로 짓고, 인프라도 개선되며, 자산 가치가 상승할 수 있다는 기대는 모든 재건축 참여자들에게 큰 유혹일 수 있습니다. 하지만 과거와는 달리, 재건축이 모든 참여자에게 이익을 보장해 주는 시대는 지나가고 있습니다.

특히 부동산 시장이 이전처럼 지속적으로 상승할 것이라는 보장이 없습니다. 2023년 이후 부동산 가격이 조정기에 접어들면서 시장은 과거와는 다른 양상을 보이고 있습니다. 공급이 늘어나면 가격이 하락할 수밖에 없다는 기본 경제 원칙이 재건축 시장에도 적용될 수 있으며, 이는 특히 용적률 상향을 통해 세대 수를 대폭 늘리는 신도시 재건축에서 더 큰 변수가 될 수 있습니다.

또한, 1기 신도시의 재건축이 본격화될 경우, 지역에 대규모로 신규 아파트가 공급되면 일종의 '공급 과잉' 상태에 이를 수 있다는 우려도 존재합니다. 분당, 일산, 평촌, 산본, 중동 등의 지역에서 수만 세대의 신규 아파트가 동시에 공급되는데, 이를 받아들일 수 있는 수요가 충분하지 않으면 가격 하락은 불가피해질 것입니다. 재건축이 완료된 이후의 시장 상황에 따라 조합원들이 예상했던 시세 차익을 얻지 못할 가능성도 크기 때문에, 재건축 과정에서 발생하는 비용에 미리 대비해야 합니다.

재건축은 단순히 경제적인 측면뿐만 아니라, 사회적·환경적 영향도 고려해야 할 중요한 문제입니다. 용적률 상향을 통해 세대 수를 늘리는 것은 그 지역에 더 많은 인구가 유입된다는 것을 의미하며, 이는 그 지역의 교통, 교육, 환경 문제로 이어질 수 있습니다. 특히 1기 신도시와 같은 계획도시들은 초기 단계에서 일정한 인구 밀도를 기준으로 설계되었기 때문에, 재건축을 통해 인구가 대폭 늘어나면 기존의 인프라로는 감당하기 어려운 문제가 발생할 수 있습니다.

교통 체증, 학교와 같은 공공시설의 과밀화, 주차 공간 부족 등은 용적률 상향을 통해 세대 수를 늘릴 때 가장 먼저 직면하게 될 문제들입니다. 특히 서울 외곽에 위치한 1기 신도시들의 경우, 교통 인프라의 개선이 재건축 성공의 중요한 요소로 작용할 수 있습니다.

또한, 재건축은 환경적인 면에서도 큰 영향을 미칩니다. 대규모 철거와 재건축 과정에서 발생하는 폐기물 처리 문제, 건설 과정에서의 탄소 배출, 그리고 재건축 후 늘어나는 인구로 인한 도시 환경 변화 등 다양한 환경 문제가 발생할 수 있습니다.

정부와 지방자치단체는 재건축 과정에서 이러한 사회적·환경적 문제를 해결하기 위한 대책을 마련해야 하며, 재건축 조합 역시 이러한 부분을 충분히 고려하여 계획을 수립해야 합니다.

재건축은 분명 매력적인 기회가 될 수 있지만, 그 과정에서 발생하는 경제적 부담과 리스크는 결코 간과할 수 없습니다. 1기 신도시 재건축이 현재 큰 주목을 받고 있지만, 그 속에는 용적률 상향, 추가 분담금, 시장의 변동성, 그리고 사회적·환경적 문제 등 해결해야 할 과제가 산적해 있습니다.

소비자의 시선

재건축에 참여하고자 하는 소비자들은 재건축이 단순히 새로운 주택을 제공하는 것 이상의 복잡한 절차와 리스크를 동반한다는 점을 이해해야 합니다. 추가 분담금, 시장 변동성, 예상치 못한 행정적 비용 등을 충분히 고려하고 자신의 재정 상황에 맞는 계획을 세워야 합니다. 재건축은 매력적이지만, 항상 성공을 보장하는 것은 아닙니다. 시장 흐름과 정부 정책의 변화에 대비해 신중하게 접근하고, 과도한 기대보다는 현실적인 시각을 유지하는 것이 재건축 성공의 첫걸음이 될 것입니다.

09

재개발을 하면
살기 좋아질까?

재개발. 새 도시의 꿈인가, 낡은 터전의 희생인가?
재개발은 때로는 희망의 이름, 때로는 삶의 갈림길이다.

재개발은 노후화된 도시 구역을 재건하여 현대적인 도시로 탈바꿈시키는 사업으로, 열악한 기반 시설을 개선하고 새로운 주거 공간을 제공함으로써 도시의 가치를 높이는 데 목적이 있습니다. 그러나 재개발이 과연 모든 사람에게 이로운 것인가에 대한 의문이 제기되고 있습니다. 장기간 진행되지 않는 재개발 지역에서 고통받는 주민들, 그리고 재개발로 인해 삶의 터전을 잃는 거주민들의 이야기는 이 질문에 대한 답을 찾는 데 중요한 단서를 제공합니다.

재개발은 주로 낡은 단독 주택과 빌라, 그리고 열악한 기반 시설을 갖춘 지역을 대상으로 합니다. 이 과정에서 해당 지역의 모든 건물과 시설이 철거되고, 새로운 아파트 단지와 도로, 공공시설 등이 들어섭니다. 그러나 재개발 사업이 장기간 지연되거나 진행되지 않을 경우, 그 지역의 주민들은 불확실한 미래에 대한 불안감과 생활환경의 악화로 고통받습니다. 집값은 하락하고, 투자나 수리는 미뤄지며, 지역은 점점 황폐해집니다. 이러한 상황에서 주민들은 경제적 손실뿐만 아니라 정신적인 스트레스까지 겪게 됩니다.

재개발의 그림자, 원주민의 내몰림

재개발 과정에서 가장 큰 피해를 입는 사람들은 바로 그곳에 거주하던 원주민들입니다. 재개발로 인해 원주민들은 삶의 터전을 잃고 다른 곳으로 이주해야 하는 상황에 처합니다. 특히 세입자들의 경우 적절한 보상 없이 쫓겨나기도 합니다.

서울시의 재정착률이 평균 25%에 불과하다는 사실은 많은 주민들이 재개발 이후에 그 지역에 다시 정착하지 못한다는 것을 보여줍니다. 난곡이나 길음 뉴타운 같이 가난했던 동네의 경우 재정착률이 8~9%에 불과하여, 다섯 명 중 네 명 이상이 삶의 터전을 잃은 셈입니다. 이는 재개발이 원주민들의 삶을 개선하기보다는 오히려 그들을 내몰고 있다는 비판을 받는 이유입니다.

재개발은 기본적으로 자본의 논리에 의해 추진됩니다. 땅과 건물을

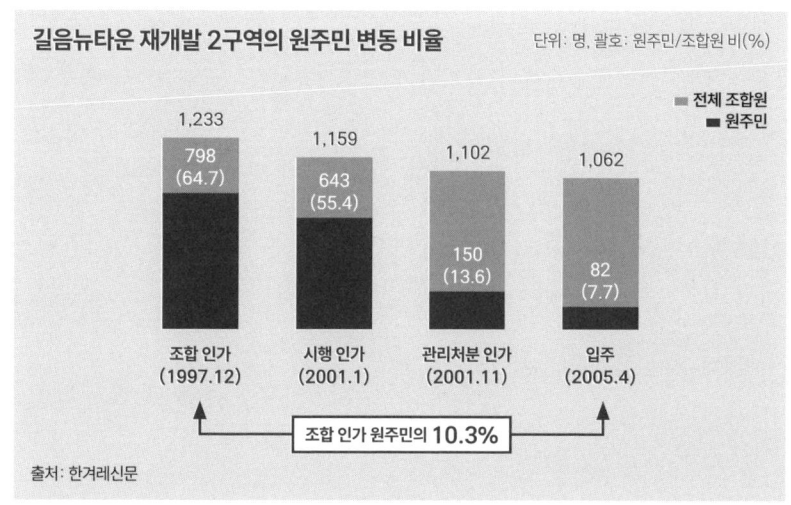

소유한 사람들이 조합을 결성하여 더 높은 부동산 가치를 얻기 위해 재개발을 진행합니다. 이들은 재개발을 통해 자산 가치를 높이고자 하지만, 그 과정에서 세입자나 취약 계층의 권익은 충분히 고려되지 않는 경우가 많습니다. 또한 지자체장과 같은 정치인들은 재개발을 통해 지역의 환경 개선과 재산 가치 상승을 공약으로 내세워 표를 얻습니다. 그러나 이러한 과정에서 재개발이 원주민의 삶에 어떤 영향을 미치는지는 충분히 고려되지 않습니다. 정치인들은 대의명분을 내세우며 재개발을 추진하지만, 그 이면에는 정치적 이해관계와 경제적 이득이 깔려 있습니다.

재개발 과정의 문제점과 사회적 갈등

　재개발 과정에서는 다양한 문제점들이 발생합니다. 개발업자와 정치인 사이의 유착 관계, 조합장의 횡령과 비리, 불법 행위 등은 잊을 만하면 뉴스를 장식합니다. 이는 재개발 사업이 거대한 자본이 투입되고 지출되는 장기간의 사업이기 때문에, 그 주변에는 이권을 노리는 이들이 몰려들기 때문입니다.

　실제로 국토교통부와 관할 지방자치단체가 시행한 합동 점검 결과, 2018년부터 2023년까지 재건축·재개발 정비 사업장에서 총 714건의 위반행위가 적발되었습니다. 이는 5년 만에 2배 가까이 급증한 수치로, 재개발 현장에서의 비리가 갈수록 늘고 있음을 보여줍니다.

　적발된 위반행위 중에는 총회 의결 없이 조합원의 부담이 될 계약을 체결하거나 부적절한 수의계약을 맺은 사례, 미등록 업체가 사업을 수행하게 한 사례 등이 포함되었습니다. 이러한 비리행위는 사업 지연으로 이어지며, 결국 조합원과 지역 주민들이 피해를 보게 됩니다. 이에 따라 정부와 지자체는 재개발 사업의 투명성 확보와 비리 근절을 위해 합동 점검 범위와 횟수를 넓히고 있습니다.

　재개발로 인해 발생하는 사회적 갈등은 심각한 문제입니다. 재개발 구역에서 주민들 간의 의견 차이로 인한 분쟁이 발생하고, 때로는 물리적 충돌로 이어지기도 합니다. 보상금이 부족하거나 세입자 대책이 부적절한 경우, 주민들은 집회를 열고 시위를 하며 자신의 권리를 주장합니다. 이러한 목소리가 제대로 반영되지 않으면, 극단적인 상황이 발생하기도 합니다.

대표적인 사례가 2009년 용산 4구역 철거 현장에서 발생한 비극입니다. 세입자와 상인들은 보상 내용에 반발하여 철거대책위원회를 구성하고 대치하였으며, 그 과정에서 화재가 발생하여 6명이 사망하고 23명이 부상을 입었습니다. 재개발 과정에서 얼마나 큰 희생이 따를 수 있는지를 보여주는 대표적인 사건입니다.

재개발은 도시의 외관을 현대화하고 생활환경을 개선하는 긍정적인 효과를 가져오기도 하지만, 그 이면에는 도시의 개성과 역사가 사라지는 부작용이 있습니다. 전면 철거를 통해 새로운 건물이 들어서면, 그 지역의 고유한 문화와 역사는 사라지고 획일화된 도시 경관이 형성됩니다. 이는 도시의 다양성을 감소시키고, 지역 사회의 정체성을 약화시킵니다. 또한 개발로 인해 소규모 자영업자나 전통 시장이 사라지면서 지역 경제에도 부정적인 영향을 미칠 수 있습니다.

모두를 위한 재개발이 되려면

재개발이 모두에게 이로운 사업이 되기 위해서는 몇 가지 조건이 필요합니다.

첫째, 재개발 과정에서 원주민과 세입자의 권익이 충분히 보호되어야 합니다. 적절한 보상과 이주 대책을 마련하여 그들이 삶을 지속할 수 있도록 지원해야 합니다. 세입자를 위한 공공 임대주택 제공이나 이주비용 지원 등이 고려될 수 있습니다.

둘째, 재개발의 목적을 단순한 부동산 가치 상승이 아닌 지역 사회의 발전과 주민들의 삶의 질 향상에 두어야 합니다. 이를 위해 주민들의 의견을 수렴하고 참여를 유도하여, 그들이 원하는 방향으로 사업을 진행해야 합니다. 주민 참여형 재개발 모델을 도입하여, 지역 사회의 요구와 필요에 부응하는 개발이 이루어져야 합니다.

셋째, 재개발 과정에서 투명성과 공정성이 보장되어 비리와 부패를 근절하고, 사업 진행 상황과 재정 운용을 투명하게 공개하여 주민들의 신뢰를 얻어야 합니다.

이러한 조건들로 인하여 재개발 시작이 늦어지고 결국 고소·고발이 난무하는 진흙탕으로 변해 살아생전에는 재개발이 어려워진 곳이 수두룩하기 때문에 이 모든 과정을 단순화할 필요가 있다고도 봅니다. 또한 개인의 이익이 100% 반영되기가 어려운데도 불구하고 누구 하나 손해를 보려고 하지 않기 때문에 재개발은 어느 정도의 강제성이 포함되어야 한다고 생각합니다. 결국 모두가 행복한 재개발이라는 것은 존재할 수 없다는 결론에 이르게 됩니다.

도시 재생과 공공 개발, 재개발의 대안일까

재개발의 부작용을 최소화하고 모두에게 이로운 도시 발전의 대안으로 도시 재생이나 공공 개발이 제시되고 있습니다. 도시 재생은 기존의 건물을 보존하면서 지역의 기능을 개선하는 방식으로, 주민들의 삶의 터전을 지키면서 생활환경을 개선할 수 있습니다. 또한 공공 개발을 통해 정부나 지자체가 주도적으로 개발을 진행하여 이윤보다는 공익을 우선시하는 개발이 가능한 방법입니다. 물론 이에 대해서도 찬성과 반대로 의견이 갈리지만, 재개발이 안 된다면 도시 재생도 충분히 생각해 볼 만한 방법입니다.

중요한 건, 재개발이나 도시 재생의 목적을 단순히 도시의 외관을 바꾸는 것이 아니라 그 안에서 살아가는 사람들의 행복과 삶의 질을 향상시키는 데 두어야 한다는 것입니다. 재개발이 자본과 정치의 논리가 아니라 사람과 공동체의 가치에 기반하여 진행될 때, 진정으로 모두가 살기 좋은 도시를 만들 수 있을 것입니다.

소비자의 시선

재개발은 도시를 변화시키는 강력한 도구이지만, 원주민의 권리와 지역 공동체의 가치를 충분히 이해하고 존중해야 합니다. 재개발 투자를 고려하는 소비자라면, 이익의 가능성뿐만 아니라 위험 요인도 신중히 검토해야 합니다. 재개발 투자에서 중요한 것은 단기적인 수익만이 아닙니다. 주변 지역의 시장 변화, 사업의 진행 속도, 관련 규제 등을 면밀히 분석하여, 자신의 투자 목표와 맞는지 확인하는 것이 필수입니다. 재개발을 단순히 부동산 가치 상승을 위한 도구로만 여기기보다는 그 과정에서 발생하는 경제적, 사회적, 환경적 리스크를 이해하고 대비하는 것이 중요합니다.

10

현재 시장에 참여해야 한다는 강박이 나를 망가뜨린다

투자는 경주가 아니라 기다리는 게임이다.
놓칠 것에 대한 두려움은 얻는 것보다 더 많은 것을 잃게 만들 수 있다.
다시없을 기회인 듯 보이는 순간에도 현명한 투자자는
기회가 다시 찾아올 것을 알고 있다.

최근 몇 년간 집값 상승으로 인한 투자 강박 심리가 커지고 있습니다. 이 강박은 상승장에서 더욱 강해지는데, 마치 이번 기회를 놓치면 영원히 뒤처질 것 같은 불안감이 우리를 압박합니다. 실제로 많은 사람들이 '지금이 아니면 기회가 없을 것'이라는 심리를 이용한 공급 부족의 뉴스에 큰 빚을 내어 아파트를 사들이고 있습니다. 하지만 시장에 참여하는 것만이 능사는 아닙니다. 집값이 무조건 오를 것이라는 막연한 기대와 불안감이 무리한 투자를 부추기고 있는 것은 아닌지 돌아볼 필요가 있습니다.

지금 집을 사야겠다는 사람들

얼마 전에 한 청년이 저를 찾아왔습니다. 그는 결혼을 앞두고 집을 알아보고 있었는데요. 14억 5,000만 원짜리 34평 아파트 구매를 생각하고 있었습니다.

그의 자금 계획은 이러했습니다. 부모님 지원 4억 원에 본인 자금 5,000만 원, 나머지 10억 원은 대출을 받겠다는 것이었습니다. 그의 연봉은 약 7,000만 원, 실질 소득은 월 500만 원 정도였습니다. 그런데도 그는 기어이 10억 원을 대출받아 그 아파트를 사야겠다고 했습니다. 이유가 궁금했습니다. 그의 대답은 간단했습니다. "앞으로 집값이 더 오를 것 같다. 이런 게 투자라고 생각한다."며 "지금이 아니면 내 집을 마련하지 못할 것 같다."

이러한 심리는 그만의 이야기가 아닙니다. 부동산 시장에서 늘어가는 '패닉 바잉' 현상은 수많은 이들이 집값 상승에 대한 불안감 때문에 재정적으로 무리한다는 것을 보여줍니다. 아파트를 가지고 있어야만 안정을 누릴 수 있다는 강박이 작용하는 것입니다. 강력한 대출 규제 등이 경제 전반에 부담을 주고 있는데도 말입니다.

몇 달 전, 서울시 성동구에 있는 성동경찰서에 가서 강의를 했습니다. 경찰서에서 웬 상의냐 싶겠지만, '전세 사기를 당하지 않는 법'이라는 제목의 강의 요청이었기에 흔쾌히 다녀왔습니다. 경찰서의 수사관 등 직원들과 적지 않은 성동구민들이 참석했습니다. 저는 전세 사기를 당하지 않기 위해 알아야 할 최소한의 내용을 강의하고 덧붙여 현재 부동산 시장의 흐름과 전망에 대해 성심성의껏 말씀드렸습니다.

질의응답 시간에 한 중년 남성이 이런 질문을 했습니다.

"부동산 투자 관련 유료 강의를 듣고 있습니다. 거기에 있는 분들이 '갭투자'는 필수로 해야 한다고 하는데, 그게 맞는 건가요?"

저는 이렇게 대답했습니다.

"갭투자라는 건 전세가와 매매가의 차이(갭)를 이용하여 많지 않은 자신의 자금을 들여 투자하는 방법인데요. 갭투자는 필요하기도 하고 그 자체가 나쁜 투자는 아닙니다. 단, 두 가지를 말씀드리고 싶습니다. 부동산이 지금 상승하고 있는 시기인가에 대해 판단을 내리셔야 하고, 그러한 투자로 인해 누군가가 피해를 보게 되는 결과를 가져온다면 재고하시기 바랍니다."

여기에 부동산 투자 공부를 하는 건 매우 좋고 바람직한 것이니 당장 투자해야 한다는 강박관념을 가지지 말고 계속 공부하고 경험을 쌓으면서 시행착오를 겪으면 된다는 조언도 덧붙였습니다.

기다리는 것도 투자다

시장에 참여하는 것만이 투자의 길은 아닙니다. 관망하고 때를 기다리는 것도 투자입니다. 특히 주택 가격이 늘 오르기만 하는 것이 아님을 역사가 보여주고 있습니다.

실제로 2008년 금융위기, 2023년부터 시작된 글로벌 긴축 기조로 인한 금리 인상 등을 통해 우리는 집값이 하락하는 시기를 경험했습니다. 재건축이나 대규모 개발이 예정된 지역의 경우에도 잠시 시장을 관망하는 것이 현명할 수 있습니다.

주식 시장이든 부동산 시장이든 시장에는 항상 사이클이 있습니다. 상승기 뒤에는 조정기나 하락기가 따르기 마련입니다. 현재의 자산 가격을 유지하기 위해 정부가 규제를 풀거나 금리를 조정하는 등 다양한 정책을 내놓을 수 있지만, 모든 정책이 항상 성공적인 것은 아닙니다. 시장의 사이클을 이해하고, 언제 휴식해야 하는지 아는 것이 중요한 이유입니다.

사실 부동산 시장에서의 성공은 집을 사는 것이 아니라, 적절한 시점에 준비된 자금을 바탕으로 신중히 접근할 때 만들어집니다. 언제나 기회는 다시 오며, 준비된 자금과 계획된 전략을 바탕으로 투자하는 것이 장기적으로 안전하고 수익성 있는 결과를 가져옵니다.

따라서 '지금이 아니면 안 된다'는 강박에 사로잡히기보다는 시장의 변동성을 이해하고 기다릴 줄 아는 마음의 여유를 가지는 것이 필요합니다. 시장은 오를 때도 있지만 내려갈 때도 있습니다. 중요한 것은 장기적인 계획을 가지고 신중하게 접근하는 것입니다.

이렇게 글을 쓰고 보니, 자칫 집을 사는 걸 권하지 않는 것처럼 보일 수도 있겠다는 생각이 듭니다. 확실히 말합니다. 집을 사지 않는 것보다는 사는 것이 훨씬 좋다고 저는 생각합니다.

소비자의 시선

시장에 항상 참여해야 한다는 강박은 오히려 해로울 수 있습니다. 이 강박은 감당할 수 없는 위험을 감수하게 하며, 감정적인 선택을 유도합니다. 대신 자신의 재정 상황을 객관적으로 평가하고, 장기적인 관점에서 시장을 바라보는 것이 현명합니다. 재정적 안정성과 신중한 계획을 기반으로 준비된 투자는 결국 더 큰 성공을 가져다줄 것입니다.

상가 분양은
지옥이다?

상가는 꿈꾸기엔 달콤하고, 현실에선 매섭다.
분양 사무소의 말보다 공실의 진실을 두려워하라.

상가 분양은 많은 사람들에게 큰 기회를 제공하는 듯 보이지만, 실제로는 재정적인 함정에 빠질 가능성이 큰 위험한 투자입니다. 최근 수년 동안 상업용 부동산 시장은 많은 사람들이 '노후 대비'나 '안정적인 수익'을 약속받으며 뛰어들었던 분야 중 하나였습니다. 하지만 현실은 그 기대와는 너무도 달랐습니다. 수억에서 수십억 원을 투자해 분양받은 상가들이 공실로 남아 있고, 이로 인해 투자자들은 재정적 부담과 함께 금융비용, 관리비 폭탄을 맞고, 심지어는 가정이 파탄 나는 지경에 이른 사람들이 의외로 많습니다.

공급자의 관점에서 본 상가 분양의 이면

　상업용 부동산, 특히 주상복합 상가는 개발자에게 매우 중요한 수익 창출 수단입니다. 주상복합의 경우 주거용 부동산 분양으로 건축비, 토지비, 금융비용, 설계비 등을 충당한 후 마지막으로 남는 이익 대부분이 상가 분양에서 나오기 때문입니다. 과거에는 상가가 주거 공간과 비슷한 비율로 분양되기도 했습니다. 개발자는 상가 분양을 통해 건축 과정에서의 모든 비용을 상쇄하고 큰 이익을 남길 수 있었습니다.

　그러나 최근에는 상가가 과잉 공급되면서 이익을 보기가 어려워졌습니다. 공급자는 주거용 부동산에서 모든 비용을 해결하기를 바라며, 상가 분양은 차선책으로 남는 경우가 많습니다. 상가는 비싼 가격에 분양되기 때문에 수익성이 높아 보이지만, 실제로는 공실이 많고 운영의 어려움이 커지면서 공급자와 구매자 모두에게 어려운 시장이 되어가고 있습니다.

　예를 들어, 광주광역시의 경우 상업용 부동산의 비율이 전체 연 면적의 10% 이상을 차지하지만, 조례에 따라 최대 20%까지 상업용 부동산 개발이 허용되고 있습니다. 이러한 과도한 공급은 많은 상가들이 공실로 남게 되는 주요 원인입니다. 그럼에도 불구하고 많은 사람들이 투자에 나서고 있고, 상가 분양은 여전히 매진되고 있습니다. 이는 공급자가 조성한 긴박감과 불안 심리, 그리고 일부 미디어와의 결탁으로 인해 사람들이 상가 투자를 계속해서 선호하는 현상을 보여줍니다.

상가를 분양받은 사람들은 매번 상가가 비어 있는 모습을 보면서도 자신이 분양받은 상가는 '피(프리미엄)'를 받고 팔 수 있을 것이라는 희망을 품습니다. 모두 분양 사무소의 영업 전략에 의해 조장된 함정인데 말입니다. 결국 투자자들은 함정에 쉽게 빠지게 되고 재정적으로 큰 손해를 입게 됩니다.

상가 분양의 위험한 현실

상업용 부동산 투자의 위험성을 잘 보여주는 사례가 있습니다. 4억 원짜리 전셋집에 살던 사람이 전세금을 빼서 월세로 전환한 후 10억짜리 상가 4채를 분양받았습니다. 1채당 1억 원의 계약금을 냈고, 분양 사무소가 대출이 80% 이상 나올 것이라고 했기 때문에 잔금은 대출로 처리하려고 했습니다. 하지만 은행에서는 상가의 가치를 30%밖에 인정하지 않았습니다. 중도금과 잔금을 내지 못하자 결국 차압이 들어갔습니다. 더욱 심각한 것은 이 투자자가 가족들까지도 같은 상가에 투자하도록 권유했다는 점입니다. 결국 가족 간 갈등이 발생했고, 투자자 본인뿐만 아니라 주변 사람들도 큰 상처를 입게 되었습니다.

이 사례는 상가 분양이 얼마나 위험한지, 그리고 분양 사무소의 약속이 얼마나 신뢰할 수 없는지를 잘 보여줍니다. 분양 사무소는 분양만 받으면 피를 받고 팔 수 있다고 쉽게 말하지만, 그것은 단지 영업을 위한 전략일 뿐입니다. 그들은 계약 이후는 더 이상 책임을 지지 않으며, 문제가 생기면 투자자 홀로 해결해야 합니다.

상가 분양의 기만성은 다양한 방식으로 나타납니다. 분양 사무소는 긴박감을 조성하기 위해 '가짜 손님'을 동원하기도 하고, 상가가 곧 매진될 것처럼 느끼게 하여 구매자들을 조급하게 만듭니다. 또한, 영업 컨설턴트는 '계획된' 지하철역이나 대형 병원과 같은 편의시설을 강조하며 개발이 거의 확정된 것처럼 포장하지만, 실제로는 개발이 이루어지지 않을 수도 있습니다. 이러한 정보들은 사실 확인이 되지 않은 채 전달되며, 많은 투자자들이 이러한 모호한 정보에 속아 넘어가곤 합니다.

이뿐만이 아닙니다. 상가 분양 시 조심해야 할 문구는 '입점 예정'입니다. 흔히 대형 마트나 영화관 등이 입점할 것이라고 홍보하는데, 이건 어디까지나 예정이지 확정이 아닙니다. 그래서 분양하는 곳에서는 'MOU'를 많이 체결합니다. MOU 역시 협력하겠다는 뜻이지 확정은 아닙니다.

신중함이 필요한 상가 분양 투자

한때 안정적인 수익을 보장하는 투자처로 여겨졌던 상가는 이제 많은 투자자들의 재정 지옥으로 변하고 있습니다. 상가 분양은 높은 수익을 약속하지만, 그만큼 높은 위험을 동반하는 '하이 리스크 로 리턴'이

될 수 있는 투자입니다. 상가는 아무리 입지가 좋아도 공실이 되는 경우가 있습니다.

예를 들어, 잠실 헬리오시티 아파트의 지하상가는 지하철 입구와 연결되어 있지만 거의 모두가 공실입니다. 언뜻 보기엔 그 정도의 입지라면 공실 걱정이 없겠다 싶지만, 현실은 그렇지 않습니다. 이게 왜 공실인가, 조금만 생각해 보면 답이 나옵니다.

그곳은 머무르는 곳이 아니라 스쳐 지나가는 곳입니다. 빠르게 스쳐 지나가는 곳에서는 돈을 쓸 시간이 없습니다. 그런 이유로 공실인데, 상가를 분양받는 사람의 입장에서는 장소가 아주 매력적으로 보이고 분양 사무소에서도 "이런 상권은 찾기 힘들다!"고 홍보하기 때문에 쉽게 현혹되는 것입니다.

투자자는 분양 사무소의 달콤한 말에 현혹되어선 안 됩니다. 충분한 정보를 바탕으로 한 전략적인 결정을 해야 상가 분양의 함정을 피할 수 있습니다.

소비자의 시선

상가 분양의 함정에 빠지지 않으려면 신중해야 합니다. 먼저 소비자 스스로 시장 조사를 해야 합니다. 공급자가 제공하는 정보만 맹신하지 말고, 상가의 공실률과 임대 수익 가능성을 직접 확인하는 것이 중요합니다. 또한, 영업 컨설턴트가 주장하는 미래 개발에 대해 명확한 증거를 요구하고, 결정을 내리기 전에 재정 전문가나 부동산 전문가와 상담해야 합니다. 또한, 재정적 위험에 충분히 대비해야 합니다. 상가 투자는 높은 관리비와 세금, 대출 이자 등을 동반하며, 공실이 발생했을 때에도 이러한 부담을 감당할 수 있어야 합니다. 단기적인 시세 차익을 노리는 투기적 투자는 매우 위험하며, 장기적인 관점에서 안정적인 임대 수익을 기대하는 것이 더욱 바람직한 투자 전략입니다.

12

부의 대이전 시대가 열린다

역사상 '부의 이전'이 가장 많은 시기가 도래했다.
기회와 위험을 동시에 품고 있는 부의 대물림.
새로운 출발선에 서려면 현명한 전략이 필요하다.

최근 수도권과 대도시 외곽에서 초대형 베이커리 카페들이 기하급수적으로 늘어나고 있습니다. 카페 개업은 단순한 사업이 아닌 절세와 부의 대물림을 위한 새로운 방법으로 주목받고 있습니다. 빵과 함께 여유로운 시간을 보낼 수 있는 공간이자 주말마다 가족 단위로 방문하는 사람들로 붐비는 이 카페들, 사실 그 배경에는 세금을 줄여 상속하고자 하는 전략이 숨어 있습니다.

빵 카페로 자산을 물려주는 절세 전략

언젠가부터 서울을 벗어나 운전하다 보면 유독 대형 베이커리 카페들이 눈에 들어오기 시작했습니다. 궁금증이 생겼습니다. 주말이면 발 디딜 틈 없이 붐비지만, 평일에는 손님이 적을 것 같은 외진 위치에서 과연 수익이 나는지 의문이 들었습니다. 그런데 이 같은 대형 카페들이 늘어나는 이유는 다름 아닌 '가업 승계 절세'라는 전략 때문이었습니다.

가업 승계란 부모가 오랜 기간 운영해 온 사업을 자녀에게 물려주면 일정한 세금 혜택을 받을 수 있는 제도입니다. 대형 베이커리 카페는 가업 승계 특례의 혜택을 활용해 절세할 수 있는 효과적인 방법으로 자리 잡았습니다. 일반적으로 상속이나 증여를 통해 자산을 물려주면 최대 50% 가까이 세금을 내야 하지만, 가업 승계를 통해 절세 조건을 갖추면 자산 가치의 일부만 세금으로 내고 나머지 재산을 자녀에게 물려줄 수 있습니다. 예를 들어, 50억 원의 건물을 일반적으로 증여하면 약 20억 원의 세금이 발생하지만, 가업 승계 특례를 적용하면 세금을 4억 원 정도로 줄일 수 있습니다.

이렇다 보니 자산가들은 부동산 자산을 보유한 채 법인을 설립하여 대형 베이커리 카페 같은 상업용 부동산을 자녀에게 증여하고 세금을 절감하는 방식으로 자산을 물려주고 있습니다. 또한, 법인으로 운영될 경우 자녀가 이 카페에서 관리자로 일하며 월급을 받는 구조로 세금을 줄이며 부를 대물림할 수 있습니다.

부의 대이전 시대가 부동산 시장에 미치는 영향

대한민국은 지금 베이비부머 세대의 자산이 자녀 세대에게 넘어가는 부의 대이전 시대를 맞이하고 있습니다. 이는 단순한 자산 이동을 넘어 부동산 시장의 구조적 변화를 예고합니다.

첫째, 고가 주택 시장의 변화를 예고합니다. 자산을 물려받는 자녀 세대가 상속세 부담을 줄이기 위해 고가 주택을 매각할 가능성이 커지고 있습니다. 이는 특정 지역에서 주택 가격 조정 압력으로 작용할 수 있으며, 고가 주택을 매입하려는 이들에게는 새로운 기회로 보입니다.

둘째, 대형 베이커리 카페와 같은 상업용 부동산이 증가합니다. 가업 승계를 통한 절세 전략으로 수도권과 외곽에 대형 베이커리 카페 같은 상업용 부동산이 늘어나고 있습니다. 이러한 상업용 부동산은 절세 수단이자 새로운 투자처로 주목받고 있지만, 수익성이 없을 경우 공실 위험이 따를 수 있습니다.

셋째, 법인을 통한 증여와 상속이 증가합니다. 법인을 통한 자산 증여는 개인보다 절세 효과가 커서 법인 형태의 부동산 소유가 확대될 전망입니다. 이는 법인세와 재산세 관련 정책 변화로 이어질 가능성이 있습니다. 또한 자산을 매각한 후 현금화와 다른 투자를 선호할 가능성이 있습니다. 자산을 상속받은 자녀 세대는 기존의 고가 주택을 유지하기보다 매각 후 유동성을 확보하거나 다양한 투자에 나설 가능성이 큽니다. 이는 고가 주택을 보유하는 데 따른 높은 재산세, 유지비 부담 및 상속세 납부를 위해 현금이 필요하기 때문입니다. 자녀 세대는 자산을 분산해 위험을 줄이고, 수익성이 높은 투자처를 찾으려는 경향이 강합니다. 이는 고가 주택보다 중소형 아파트나 임대 시장에 대한 수요 증가로 이어질 수 있으며, 부동산 시장의 구조적 변화를 초래할 가능성이 높습니다.

소비자의 시선

부의 대물림 시대, 자산을 물려받거나 관련 투자를 할 때 현명하게 접근해야 합니다. 법인 설립을 통한 절세가 가능해도 장기적인 부동산 수익성이 불확실하다면 큰 리스크로 돌아올 수 있습니다. 상속받은 자산을 유지하기 위해 시장 흐름과 경제 상황을 종합적으로 분석하고, 무리한 투자가 아닌 신중한 접근으로 자산을 관리하세요. 실질적인 수익과 안정성을 함께 고려하여 재정 계획을 세우는 것이 중요합니다.

13

인구 변화는
의미 없다?

인구는 부동산의 그림자, 수요 없는 집은 지켜질 수 없다.
가구 수 증가에 속지 마라. 인구 감소는 장기적인 그림을 좌우한다.

부동산 시장을 논할 때 인구를 빼놓을 수 없습니다. 인구는 그 자체로 수요이기 때문입니다. '표영호TV'에서 인구 문제와 부동산의 수요 문제를 짚은 적이 있는데, 단숨에 조회 수 100만 뷰가 넘었습니다. 왜 그랬을까요? 시청자들이 공감했기 때문입니다.

서울의 집값이 끝없이 올라간 이유를 찾기 위해 시간을 거꾸로 돌려보면 결국 마주하는 출발점은 '제대로 지어놓은 주택은 별로 없는데 인구가 폭증했고, 그중 무지 많은 사람들이 서울로 몰려들었다'는 사실입니다. 도대체 그 수가 얼마나 되는지 숫자를 통해 구체적인 그림을 그려 보겠습니다.

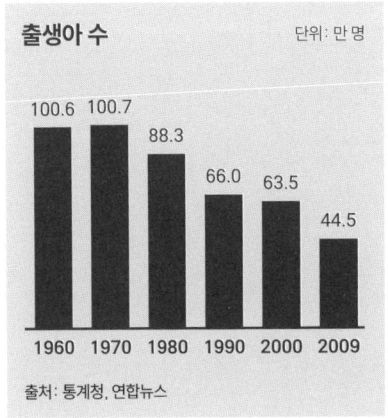
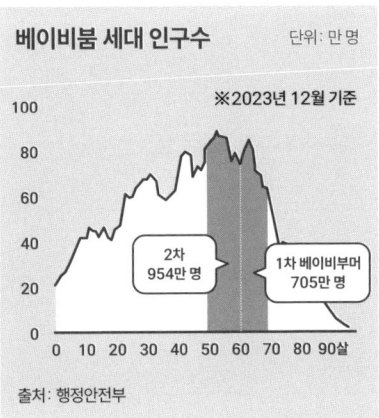

    2023년 한 해 동안 대한민국에서 태어난 신생아의 수는 약 23만 명입니다. 이 정도면 많이 태어난 걸까요, 적게 태어난 걸까요? 우리나라 합계 출산율은 2023년 기준 0.72로, 세계에서 꼴찌를 다투는 초저출산 국가입니다.

    이게 얼마나 적게 태어났다는 것일까요? 1970년에 태어난 신생아의 수는 약 100만 명입니다. 2023년에 비해 4배가 많습니다. 한 해만 비교해도 4배나 차이가 나는데, 매년 이런 차이가 생긴다면 갈수록 얼마나 차이가 벌어질지 감이 올 것입니다. 한국전쟁이 끝나고 1955년에서 1963년까지 태어난 약 700만 명을 가리켜 '제1차 베이비부머'라고 합니다. 그 후에도 인구는 계속해서 증가했습니다. 1970년에 100만 명의 신생아가 태어났고 1974년까지도 비슷한 숫자가 이어졌는데, 이들이 바로 '제2차 베이비부머'입니다. 현재 40~60대 약 2,000만 명에 해당하는 사람들입니다.

　인구가 급격히 늘어난다는 건 국가의 고도성장을 위해 매우 좋은 현상입니다. 문제는 국토 곳곳에서 크게 차이나지 않게 골고루 늘어난 게 아니라 특정 지역에 집중되었다는 것입니다.

　지방에서 태어난 수많은 이들은 집을 떠나 서울로 향했습니다. 그 결과 2025년 기준 우리나라의 전체 인구 5,168만 명 중 서울의 인구는 920만 명으로 약 18%를 차지하고 있습니다. 여기에 경기도 인구 1,400만 명과 인천광역시 인구 295만 명을 더하면 총 2,615만 명이 수도권에 살고 있습니다. 대한민국 전체 인구의 50.5%, 즉 절반을 웃돕니다.

　면적으로 따져보면 어떨까요? 수도권의 크기는 대한민국 전체 면적의 11.8%에 불과합니다. 결국 대한민국 전체 면적에서 1/10 남짓한 공간에 인구의 절반이 살고 있는 셈입니다.

　1953년에 한국전쟁이 끝난 후 서울에는 남아 있는 기반시설들이 거의 없었습니다. 당시 서울 인구는 약 100만 명이었는데, 1955년부터 인구가 증가하기 시작합니다. 게다가 지방 곳곳에서 서울로 사람들이 몰려 들었습니다. 인구는 폭발적으로 늘어났지만, 정부는 전쟁으로 파괴된 각종 시설을 복구하느라 인간답게 살 수 있는 주택을 건설하는 데는 미진할 수밖에 없었습니다.

　"이렇게 편리한 수세식 화장실이 종암 아파트에 있습니다. 정말 현대적인 아파트입니다."라는 내통령 축사가 준공식 현장에서 울려 퍼진 우리나라 최초의 아파트가 출발한 때가 1958년 11월이었습니다. 수요는 급격하게 늘어나는데 공급은 태부족했습니다.

뒤늦게나마 인구 급증으로 인한 주택난의 심각성을 알아차리고 주택 건설에 박차를 가하기 시작했습니다. 하지만 1970년대에 경부고속도로가 개통되고 강남 개발이 본격화되면서 인구는 기하급수적으로 증가하고 주택 공급의 속도는 늘 뒤처지게 되니 서울 집값의 고공행진은 명약관화했습니다.

멈출 줄 모르고 증가하던 대한민국 인구는 2020년에 정점을 찍고 2021년부터 감소하기 시작했습니다. '덮어놓고 낳다 보면 거지꼴을 못 면한다'로 시작된 정부의 산아제한 정책은 '아들딸 구별 말고 둘만 낳아 잘 기르자'를 거쳐 '둘도 많다!'로 이어졌는데, 착한 국민들은 이를 매우 잘 수용하여 급기야는 '출산 파업'까지 하며 현재의 세계적인 초저출산 국가를 완성(?)하기에 이르렀습니다.

그렇다면, 수요가 줄어드는 방향으로 접어들었으니 더 이상 공급 부족을 걱정하지 않아도 되는 걸까요? 나아가 인구는 줄고 주택은 장기적으로 남아돌 테니, 집값은 하락세에 접어드는 걸까요?

인구 감소가 부동산 시장에 미치는 영향

집값과 인구 관련하여 크게 두 가지 주장이 있습니다. 인구가 줄어드니 결국 집값으로 대표되는 부동산 가격은 하락할 것이라는 주장, 그리고 인구가 줄어드는 건 맞지만 가구 수는 늘어나니 집값은 계속 상승할 것이라는 주장입니다. 두 가지 생각 모두 일리가 있습니다. 함께 생각해 보면 좋겠습니다.

집값이 장기적으로 하락할 것이라는 주장은 인구 감소라는 단순한 논리에서 출발합니다. 수요가 감소하면 공급이 과잉되고, 그로 인해 가격이 하락하는 것은 경제의 기본 원리이기 때문입니다. 이런 생각이 더욱 크게 와 닿는 곳은 '지방'입니다. 지방에는 심각할 정도로 빈집이 늘어나 이른바 '지방 소멸' 현상이 벌어지고 있습니다. 이것만 봐도 인구가 줄어드는 대한민국 부동산의 앞날은 하락세이지 않겠느냐는 논리입니다.

물론 이러한 논리가 부동산 시장에 그대로 적용되는 것은 아닙니다. 부동산은 그저 수요와 공급의 함수로만 움직이는 것이 아니기 때문입니다. 국내외 경제 상황, 수요자의 심리, 정부 정책, 인프라 확충 여부 등 다수의 복합적 요인이 얽혀있어 예측이 쉽지 않은 분야입니다.

실제로 인구가 줄어드는 지금도 서울과 수도권을 비롯한 일부 지역에서는 주택 가격이 여전히 상승세를 보이고 있습니다. 서울과 수도권의 집값 상승은 단순히 인구 감소라는 매크로 요인만으로 설명할 수 없는 현실입니다. 부동산에 관한 한 단순히 인구만이 아니라 '가구 수'가 더 중요한 역할을 하기 때문입니다.

2024년 9월에 동계청이 **빌표한** '장래 가구 추계: 2022~2052'를 보면 1인 가구는 2022년 738만 가구에서 30년 뒤인 2052년에는 962만 가구

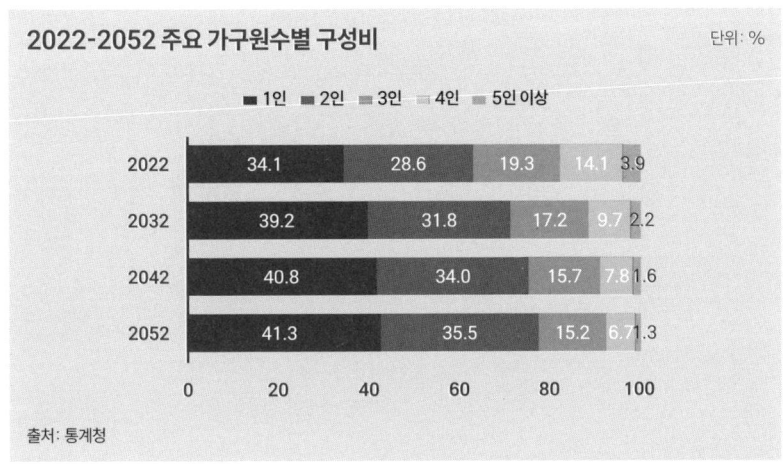

로 늘어납니다. 전체 가구에서 차지하는 비중은 2022년에는 34% 수준이지만 2052년에는 40%를 넘어설 것으로 예측됐습니다. 그 시점의 2인 가구 비중까지 합치면 4집 가운데 3집이 혼자 살거나 둘이 삽니다. 결국 주택에 대한 수요는 여전히 높다는 것입니다.

물론 가구 수 증가는 중단기적인 수요 유발 요인으로 작용할 수 있습니다. 그러나 장기적으로 인구가 감소하면 그 효과는 제한적일 수밖에 없습니다. 1인 가구의 증가는 어느 정도 한계에 도달할 것이고, 특히 출산율이 극히 낮은 현 상황에서 가구 수 역시 장래의 어느 시점부터는 감소세를 보일 가능성이 큽니다.

따라서 인구 감소는 장기적으로 부동산 시장에 상당한 영향을 미칠 수밖에 없습니다. 단기적으로는 서울과 수도권 같은 특정 지역에서 주택 수요가 유지되거나 오히려 증가할 수 있지만, 전국적인 관점에서 볼 때 인구 감소는 필연적으로 부동산 시장의 위축을 불러올 수밖에 없습니다. 앞서도 언급했지만 지방의 경우, 이미 많은 지역에서 인구 감소로 인해 주택 수요가 급격히 줄어들고 있으며 빈집도 늘어나고 있습니다. 이는 향후 더 심각해질 가능성이 큽니다.

이렇게 1인 가구가 증가한다는 통계를 보며 이런 생각을 해봅니다. 전체 인구는 줄지만 가구 수가 증가하기에 앞으로도 주택 수요는 계속 늘어날 것이라는 주장은 대부분의 공급자들이 하고 있다는 점입니다. 이들은 주택 공급이 지속되어야 한다는 결론을 위해 인구가 줄어들고 있는 현상보다 '가구 수 증가'에 관한 논의를 주로 테이블에 올립니다. 그 이유가 무엇인지 모르는 분들은 없다고 생각합니다.

경제활동 인구의 감소, 그리고 인구 집중

또 주목할 점은 인구 감소의 문제는 단순하게 인구수가 줄어든다는 개념보다 '경제활동 인구'가 줄어든다는 것입니다. 인구 감소는 단순히 주택 수요의 감소만을 의미하는 것은 아닙니다. 경제활동 인구의 감소는 경제 성장 둔화로 이어질 수 있으며, 이는 곧 가계 소득 감소와 연결됩니다. 소득이 감소하면 주택 구매력도 자연스럽게 줄어들게 됩니다. 즉, 단순히 인구가 줄어드는 것이 아니라 주택을 구매할 수 있는 경제적 여력 또한 줄어들 가능성이 크다는 말입니다. 이는 결국 부동산의 집중화를 불러옵니다. 오르는 곳은 오르고 내리는 곳은 가치를 논할 수조차 없을 정도로 가치가 하락하게 될 것입니다.

결국 장기적으로 볼 때 인구 감소는 부동산 시장에 매우 큰 구조적 변화를 가져올 것입니다. 수요는 점차 감소할 것이고, 이에 따라 가격 상승은 억제될 수밖에 없습니다. 특히 이러한 변화는 비수도권 지역에서 더욱 급격하게 나타날 것입니다. 수도권 역시 현재의 상승세를 언제까지 유지할 수 있을지는 미지수입니다. 가구 수 증가가 중단기적으로 수요를 유지하는 데 기여할 수는 있지만, 장기적으로 가면 갈수록 효과가 제한적일 수밖에 없습니다.

사실 인구 관련하여 가장 심각하게 논의해야 할 사항은 따로 있습니다. 인구 감소나 가구 수 증가가 아니라 '인구 집중'입니다. 서울·수도권으로의 과도한 인구 집중은 도저히 줄어들 기세가 안 보입니다. 그렇기에 서울·수도권의 공급은 늘 부족하다는 주장이 공감을 얻습니다.

서울·수도권은 용적률 상향을 통한 세대 수 증가로 대처하고 있지만, 높게만 올리는 공급이 과연 언제까지 부동산 시장을 받쳐줄 수 있을까요? 게다가 고공행진만 하는 집값을 감당할 수 있는 소득을 가진 분들이 계속 나올 수 있을까요? 15층짜리 아파트를 허물고 새로 30~40층으로 올려 세대 수가 늘어나 사업성을 겨우 맞추었다 해도, 재건축한 고층 아파트를 다시 재건축해야 하는 30~40년 후에는 과연 어떤 일들이 펼쳐질까요?

사실 멀리 갈 것도 없습니다. 1기 신도시 재건축이 원활하게 진행된다고 가정하면, 사업성을 고려해야 하기에 여기도 저기도 용적률을 높여야 합니다. 분당도 용적률을 높이고 일산, 평촌, 중동, 산본도 높인다면, 그렇게 수없이 새로 지어진 집에 과연 어떤 사람들이 들어오겠습니까? 각 지방에서 1기 신도시로 들어와야 하겠습니까? 그렇다 하더라도 다 채워지기나 하겠습니까?

인구 문제는 정말 풀기 어려운 과제임과 동시에 부동산 시장의 장기적인 구조적 변화를 예고하는 중요한 신호로 볼 필요가 있습니다. 인구 감소와 인구 집중에 대한 부동산의 다양한 면을 놓고 심도 깊은 고민과 토론이 필요하다 생각합니다.

소비자의 시선

이른바 '지방 소멸'은 해결할 수 없는 공방전에 불과합니다. '지방 소멸은 막아야 한다'고 말하지만 뚜렷한 해결책을 제시하거나 정책을 만드는 정치인은 보이지 않기 때문입니다. 지방 소멸을 막기 위해 그동안 정치권에서 시도했던 것은 인구 분산이었지만 그로 인해 일자리가 분산돼 공무원들만 피곤해졌습니다. 결국 지방 소멸은 속도의 문제지 지금으로선 막을 방법이 보이지 않습니다. 부동산 소비자가 이러한 부분을 간과한다면 부동산 자산을 지키거나 키울 수 없을 것입니다.

에필로그

《공급자의 시선》을 마무리하며, 다시금 이 책의 출발점이었던 질문으로 돌아가고 싶습니다.

"부동산 시장에서 우리는 정말 무엇을 알고 있고, 무엇을 놓치고 있는가?"

저는 이 질문에 답하기 위해 공급자의 시선을 이해하고 소비자가 시장의 주체가 될 수 있는 방법을 모색해 왔습니다. 원고를 완성한 후 부동산 시장의 복잡성과 이를 둘러싼 다양한 이해관계가 우리의 일상과 얼마나 깊이 연결되어 있는지 다시 한번 절감할 수 있었습니다.

    이 책은 단순히 부동산 시장을 분석하는 내용을 넘어 소비자가 더 이상 수동적인 정보 수용자에 머물지 않고, 스스로 시장을 판단하고 더 나은 결정을 내릴 수 있도록 돕는 데 목표를 두었습니다. 독자 여러분이 책의 마지막 장을 덮으며, 부동산 시장을 바라보는 새로운 눈과 사고의 틀을 가지게 되셨기를 바랍니다.

    이 책을 완성하기까지 많은 분들의 도움이 있었습니다. 무엇보다도 《공급자의 시선》이 독자 여러분에게 다가갈 수 있게 동력을 제공해 준 '표영호TV'의 70만 구독자 여러분께 깊은 감사를 드립니다. 매일같이 여러분이 보내주신 메일과 댓글은 제가 이 책을 쓰는 데 가장 큰 영감을 주었습니다.

    여러분의 질문은 단순한 궁금증을 넘어 한국 부동산 시장의 현실을 다시 돌아보게 하는 동력이 되었습니다. "지금 집을 사야 하나요?", "정부 정책은 누구를 위한 걸까요?", "이 지역은 정말 투자 가치가 있나요?" 등의 질문에서 저는 부동산 시장의 복잡성과 소비자들의 고민을 더욱 깊이 이해할 수 있었습니다. 그 고민에 조금이나마 답이 되고자 이 책을 쓰게 되었고, 이제는 여러분과 함께 고민의 해답을 나누고 싶습니다.

    '70만 구독자'는 저에게 큰 자부심이자 책임감을 주었습니다. 하지만 여기서 멈추지 않겠습니다. 여러분과 함께 100만,

200만 구독자로 더 커나가는 '표영호TV'를 만들어가고 싶습니다. 여러분이 보내주신 신뢰와 성원이 앞으로도 제 글과 콘텐츠를 이끌어갈 원동력이 될 것입니다.

부동산 시장은 항상 변화합니다. 규제와 완화, 상승과 하락, 투기와 실수요의 흐름 속에서 우리는 끊임없이 선택의 기로에 서게 될 것입니다.

'정보는 힘이다'라는 말이 있습니다. 그러나 그 정보가 어디에서 왔는지, 어떤 의도로 만들어졌는지를 이해하지 못한다면, 정보는 힘이 아니라 혼란이 될 수 있습니다. 부동산 시장의 공급자가 제공하는 정보는 그들의 이익을 위한 전략적 도구일 수 있습니다. 이 책을 통해, 여러분이 더 이상 수동적으로 정보에 의존하지 않고, 스스로 시장을 읽어낼 수 있는 힘을 가지게 되었기를 바랍니다.

이 책은 끝이 아니라 시작입니다. 한국 부동산 시장은 앞으로도 새로운 도전에 직면할 것입니다. 금리 변화, 인구 구조의 변화, 정권마다 달라지는 부동산 정책, 예측 불가능한 국내외 상황 등 수많은 변수가 우리를 기다리고 있습니다. 그러나 변화는 항상 기회와 함께 옵니다. 중요한 것은 그 변화를 읽어내고 준비하는 우리의 자세입니다.

부동산 시장을 이해하는 것은 곧 우리의 삶과 미래를 이해하는 것과 다르지 않습니다. 여러분이 이 책을 통해 자신의 시선을 확고히 하고 더 나은 선택을 할 수 있기를 진심으로 바랍니다.

《공급자의 시선》과 함께해 주신 모든 분들께 진심으로 감사드립니다. 부동산 시장에서 여러분이 선택한 모든 것들이 후회로 남지 않기를 바랍니다. 그리고 여러분의 경제적 자유를 기원합니다.

저자 표영호 드림

공급자의 시선

2025년 4월 14일 초판 1쇄 인쇄
2025년 4월 21일 초판 1쇄 발행

지은이 | 표영호
펴낸이 | 이종춘
펴낸곳 | (주)첨단

주소 | 서울시 마포구 양화로 127 (서교동) 첨단빌딩 3층
전화 | 02-338-9151
팩스 | 02-338-9155
인터넷 홈페이지 | www.goldenowl.co.kr
출판등록 | 2000년 2월 15일 제2000-000035호

본부장 | 홍종훈
책임편집 | 문다해
편집 | 한슬기
교정 | 강현주
표지 디자인 | 유어텍스트
본문 디자인 | 조수빈
전략마케팅 | 구본철, 차정욱, 오영일, 나진호, 강호묵
제작 | 김유석
경영지원 | 이금선, 최미숙

ISBN 978-89-6030-644-8 03320

- BM 황금부엉이는 (주)첨단의 단행본 출판 브랜드입니다.

- 값은 뒤표지에 있습니다. 잘못된 책은 구입하신 서점에서 바꾸어 드립니다.
- 이 책에 나오는 표현, 수식, 법령, 세법, 행정 절차, 예측 등은 오류가 있을 수 있습니다. 저자와 출판사는 책의 내용에 대한 민/형사상 책임을 지지 않습니다.
- 이 책은 신저작권법에 의거해 한국 내에서 보호를 받는 저작물이므로 무단 전재 및 복제를 금합니다.

> 황금부엉이에서 출간하고 싶은 원고가 있으신가요? 생각해보신 책의 제목(가제), 내용에 대한 소개, 간단한 자기소개, 연락처를 book@goldenowl.co.kr 메일로 보내주세요. 집필하신 원고가 있다면 원고의 일부 또는 전체를 함께 보내주시면 더욱 좋습니다. 책의 집필이 아닌 기획안을 제안해주셔도 좋습니다. 보내주신 분이 저 자신이라는 마음으로 정성을 다해 검토하겠습니다.

우리는 언제나 정보를 받아들이는 입장이었습니다.
하지만 이제는 다르게 볼 수 있습니다.

**누군가 만들어 놓은 흐름에 휩쓸릴 것인가,
아니면 스스로 시장을 읽고 판단할 것인가.**

당신이 결정할 차례입니다.